장항의
교육이야기

# 장학이의 교육이야기

| | |
|---|---|
| 발행일 | 2016년 3월 11일 |

| | | | |
|---|---|---|---|
| 지은이 | 이 병 만 | | |
| 펴낸이 | 손 형 국 | | |
| 펴낸곳 | (주)북랩 | | |
| 편집인 | 선일영 | 편집 | 김향인, 서대종, 권유선, 김성신 |
| 디자인 | 이현수, 신혜림, 윤미리내, 임혜수 | 제작 | 박기성, 황동현, 구성우 |
| 마케팅 | 김회란, 박진관, 김아름 | | |
| 출판등록 | 2004. 12. 1(제2012-000051호.) | | |
| 주소 | 서울시 금천구 가산디지털 1로 168, 우림라이온스밸리 B동 B113, 114호. | | |
| 홈페이지 | www.book.co.kr | | |
| 전화번호 | (02)2026-5777 | 팩스 | (02)2026-5747 |
| ISBN | 979-11-5585-966-7 03370(종이책) | | 979-11-5585-967-4 05370(전자책) |

이 도서의 국립중앙도서관 출판예정도서목록(CIP)은 서지정보유통지원시스템 홈페이지(http://seoji.nl.go.kr)와
국가자료공동목록시스템(http://www.nl.go.kr/kolisnet)에서 이용하실 수 있습니다.
(CIP제어번호 : CIP2016005749 )

성공한 사람들은 예외없이 기개가 남다르다고 합니다.
어려움에도 꺾이지 않았던 당신의 의기를 책에 담아보지 않으시렵니까?
책으로 펴내고 싶은 원고를 메일(book@book.co.kr)로 보내주세요.
성공출판의 파트너 북랩이 함께하겠습니다.

전직 장학사가 솔직하게 털어놓는 생생한 장학사의 세계

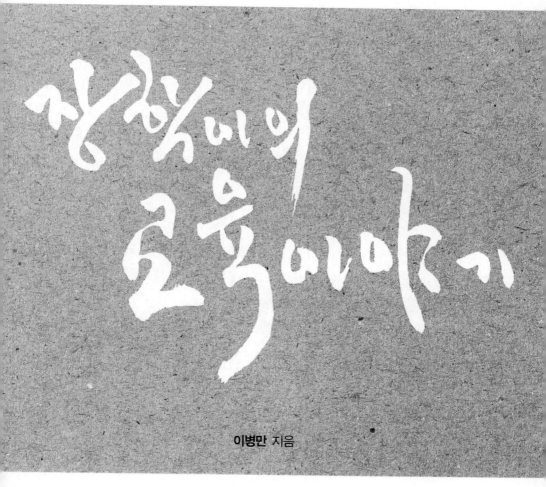

# 장학사의 교육이야기

이병만 지음

장학사를 꿈꾸는 선생님들이나 지금 장학직을 수행하고 있는 분들께
저의 허물을 타산지석으로 삼으셨으면 하는 바람으로
부끄러운 자화상을 드러내 봅니다.

북랩 book Lab

# 머리말

　16년간 초등학교 교사로서 재직하고 2008년 1월 경상남도교육청 교육전문직 공개전형 시험에 합격하였습니다. 경상남도교육청에서 5년 6개월, 김해교육지원청에서 1년 6개월, 창원교육지원청에서 1년간 근무하였습니다. 8년간의 장학사 생활을 마치고 2016년 3월이면 교감으로 전직하게 됩니다.

　다른 매뉴얼들은 많은데 장학사 업무 매뉴얼은 없었습니다. 선배나 상사, 그리고 동료의 조언이 전부였습니다. 이름은 교육전문직인데 정말 내가 교육전문직인가 하는 의문이 들기도 했습니다.

　2014년 어느 날 경남 도내 초등 교육전문직원을 대상으로 강의할 기회가 있었는데 '경험과 노하우를 공유하는 것이 정말 필요하겠구나' 하는 것을 느꼈습니다. 미흡하지만 나 자신의 장학사 근무 경험을 나누고 싶었습니다. 한편으로는 8년간의 장학사 생활을 정리하고 싶은 개인적 소망도 있었습니다. 용기를 내어 글로 남기기로 결심하고 8년간의 생활을 되돌아보며 정리하였습니다.

필자의 경험에 기반한 내용이라 다분히 주관적일 수 있어 객관성을 유지하려 애썼으나, 내용에 따라서는 전혀 공감하지 못하는 부분도 또 지극히 개인적인 의견도 있을 것입니다. 장학사를 꿈꾸는 선생님들이나 지금 장학직을 수행하고 있는 분들께 저의 허물을 타산지석으로 삼으셨으면 하는 바람으로 부끄러운 자화상을 드러내 봅니다.

이 책은 모두 6부로 구성되어 있습니다. 제1부 '장학사 이해하기'에서는 장학사란 어떤 직종이고 어떤 일을 하는지 등, 장학사에 대해 제대로 알고 이해하는 내용입니다. 제2부부터 제4부까지는 필자가 장학사로 근무하며 행하려고 노력했던 세 가지 가치였던 '빠르게, 다르게, 바르게'를 주제로 8년의 경험들을 담았습니다. 제5부 '장학사 에피소드'에서는 주요 업무 추진 사례를 중심으로 보람 있었거나, 어떤 면에서는 부끄러운 고백을 담았습니다. 마지막 제6부 '교육 정책 제안'에서는 토론회나 강의 시에 제안했던 내용으로 구성하였습니다.

8년 동안 장학사로서 열심히 일했지만 가족에게는 미안한 마음도 듭니다. 직장 일을 우선시하고 때로는 교육청 일이 바쁘다는 핑계로 가족들에게 소홀했던 자신을 반성해 봅니다.

그동안 함께 근무했던 직원들의 모습이 떠오릅니다. 이제는 자유인이 된 분들도 있지만, 각자의 자리에서 한 단계 더 나은 경남 교육을 위해 열심히 근무하고 있습니다. 필자와 함께 근무했던 모든 직원들은 모두 저의 스승이었습니다. 함께했던 분들 덕분에 이 책이 나오게 되었습니다.

끝으로 제호題號를 써 주신 삼정자초등학교 최임숙 부장님, 삽화를 그려 주신 김해 삼계초등학교 최윤진 부장님께 감사드립니다.

2016년 2월
이병만

# 목차

# 제3부    다르게

## 제6부 교육 정책 제안

# 제1부

# 장학사 이해하기

# 장학사란

　장학사란 용어는 교육공무원법 제2조에 처음 등장하는데 이 법에서 '교육공무원'이란 "1. 교육기관에 근무하는 교원 및 조교, 2. 교육행정기관에 근무하는 장학관 및 장학사, 3. 교육기관, 교육행정기관 또는 교육연구기관에 근무하는 교육연구관 및 교육연구사 중 어느 하나에 해당하는 사람"을 말한다. 그리고 앞에서 규정한 제2호 및 제3호에 따른 교육공무원을 '교육전문직원'이라 한다고 규정되어 있다.

　또 경상남도교육감 소속 지방공무원 정원 조례 시행교육규칙(시행 2016.1.1., 경상남도교육규칙 제779호, 2015.12.31., 일부 개정) 제2조 (직급별 정원)에 경상남도교육감 소속으로 두는 단위기관별 지방공무원의 직급별·직렬별 정원은 아래 표와 같다.

| 직종별 | 직급별 | 직렬별 | 총계 | 도교육청<br>(직속기관포함) | 교육지원청<br>(소속기관포함) |
|---|---|---|---|---|---|
| 특정직 | 교육<br>전문직원 | 합계 | 367 | 158 | 209 |
| | | 일반직4급상당이상<br>장학관·교육연구관 | 45 | 25 | 20 |
| | | 일반직5급상당<br>장학관·교육연구관 | 44 | 22 | 22 |
| | | 장학사·교육연구사 | 278 | 111 | 167 |

<경상남도교육감 소속 지방공무원(교육전문직원) 정원표> 2016.1.1. 기준(단위: 명)

위 내용을 정리해 본다면 '교육전문직원' 직급에는 장학관, 장학사, 교육연구관, 교육연구사 등 4개의 직렬이 있다. 즉, 장학사는 교육전문직원 중 하나의 직렬에 속한다.

교육전문직원은 국가직 교육공무원이었으나 교육공무원법 개정으로 2013년 6월 12일부터 교육전문직원의 임용권이 교육감으로 변경되면서 지방직 교육공무원으로 전환되었다.

2016년 1월 1일 현재 경상남도교육청 관내에는 367명의 교육전문직원이 근무하고 있다. 그중 도교육청(직속기관 포함)에 근무하는 교육전문직원은 158명으로 본청에 근무하는 지방공무원(733명)의 21.56%를 차지하고 있으며, 교육지원청(소속기관 포함)에 근무하는 교육전문직원은 209명으로 교육지원청에 근무하는 지방공무원(1,137명)의 18.38%를 차지한다.

| 소속 | 장학(연구)관 | | | | | 장학(연구)사 | | | | |
|---|---|---|---|---|---|---|---|---|---|---|
| | 유 | 초 | 중 | 특 | 계 | 유 | 초 | 중 | 특 | 계 |
| 본청 | 1 | 6 | 15 | 1 | 23 | 3 | 24 | 35 | 2 | 64 |
| 직속<br>기관 | 3 | 3 | 17 | 1 | 24 | 4 | 16 | 25 | 2 | 47 |
| 교육<br>지원청 | 0 | 19 | 23 | 0 | 42 | 10 | 87 | 65 | 5 | 167 |
| 계 | 4 | 28 | 55 | 2 | 89 | 17 | 127 | 125 | 9 | 278 |

<2016.1.1. 현재 경상남도교육청 소속 소속 급별 교육전문직원 정원 현황>

법률적으로 본다면 교육행정기관에 근무하는 장학관 및 장학사나 교육기관, 교육행정기관 또는 교육연구기관에 근무하는 교육연구관 및 교육연구사를 일컬어 교육전문직원이라 하여야 한다.

곧, 경상남도교육청이나 18개 교육지원청에 근무하는 사람을 장학관이나 장학사라 부르는 게 옳지만 일반적으로는 교육청이나 교육연구정보원, 교육연수원 등에 근무하는 교육전문직원도 장학관이나 장학사라 부르기도 한다. 편의상 이 글에서는 교육전문직원과 장학사를 같은 의미로 사용하고자 한다.

# 장학사의 자격

　　교육공무원법 제9조(교육전문직원의 자격)에 의하면 교육전문직원은
아래 표와 같은 기준에 따른 자격이 있는 사람이어야 한다고 규정
하고 있다.

| 기준<br>직명 | 자격기준 |
|---|---|
| 장학관 ·<br>교육연구관 | 1. 대학 · 사범대학 · 교육대학 졸업자로서 7년 이상의<br>　교육경력이나 2년 이상의 교육경력을 포함한 7년 이상의<br>　교육행정경력 또는 교육연구경력이 있는 사람<br><br>2. 2년제 교육대학 또는 전문대학 졸업자로서 9년 이상의<br>　교육경력이나 2년 이상의 교육경력을 포함한 9년 이상의<br>　교육행정경력 또는 교육연구경력이 있는 사람<br><br>3. 행정고등고시 합격자로서 4년 이상의 교육경력이나<br>　교육행정경력 또는 교육연구경력이 있는 사람<br><br>4. 2년 이상의 장학사 · 교육연구사의 경력이 있는 사람<br><br>5. 11년 이상의 교육경력이나 2년 이상의 교육경력을 포함한 11년<br>　이상의 교육연구경력이 있는 사람<br><br>6. 박사학위를 소지한 사람 |

| 장학사 ·<br>교육연구사 | 1. 대학 · 사범대학 · 교육대학 졸업자로서 5년 이상의<br>　교육경력이나 2년 이상의 교육경력을 포함한 5년 이상의<br>　교육행정경력 또는 교육연구경력이 있는 사람<br>2. 9년 이상의 교육경력이나 2년 이상의 교육경력을 포함한 9년<br>　이상의 교육행정경력 또는 교육연구경력이 있는 사람 |
| --- | --- |

위 기준은 법령으로 정해진 국가 차원의 최소 기준이며, 시·도교육청별로 조금씩 차이가 있다. 또 위 기준에 해당한다고 해서 모두가 교육전문직원이 될 수 있는 것은 아니다. 교원이 교육전문직으로 전직하기 위해서는 시·도교육청에서 정하는 별도의 기준과 계획에 따라야 한다. 간단히 말해 교육전문직이 되기 위해서는 교육공무원법 제9조의 기준을 충족하는 사람을 대상으로 하는 시·도교육청별 공개 전형 계획에 의한 시험을 통과하여야 한다.

경상남도교육청의 2016 교육공무원 인사관리기준에 의하면 교육전문직의 임용 대상[1]은 아래와 같다.

① 장학관·교육연구관의 승진 임용은 동 종의 직무에 종사하는 바로 하위직에 있는 자 중에서 승진 임용 후보자 명부 등재 순위에 의하되, 승진 임용 예정 인원의 3배수 범위 내에서 임용(제청)할 수 있다.

② 위 ①항의 승진 임용 후보자 명부 작성은 2년 이상의 장학(교육연구)사의 경력이 있는 자로 한다.

③ 장학(교육연구)관은 교(원)장 경력 1년 이상인 자 또는 교(원)감

---

1)　2016 교육공무원 인사관리기준(경상남도교육청)/교육전문직/제3조(임용 대상)

경력 1년 이상인 자이거나 박사 학위 소지자로서 교육 경력 5년 이상인 자.

④ 교육전문직 공개 전형에 의한 임용 대상자는 별도 시행 계획에 따른다.

⑤ 장학(교육연구)사로 전직을 희망하는 교장, 교감, 교감 승진 후보자, 교육전문직 경력자로서 교육지원청 교육장이나 소속 기관장의 추천을 받은 자.

# 장학사가 되는 길

 

장학사가 되는 길은 크게 2가지가 있다. 교사에서 교육전문직원 공개 전형에 합격하여 장학사가 되는 경우와 교감 또는 교감 자격 소지자로서 전직 전형에 합격하는 경우이다. 2015년 12월 말 현재 교육부와 세종시의 경우 전국 단위의 공개 전형을 실시하고 있고, 경상남도교육청을 비롯한 대부분의 시·도교육청의 경우 해당 지역에 재직 중인 교원을 대상으로 공개전형을 통해 교육전문직원을 선발하고 있다.

그러면 언제부터 교육전문직원을 공개전형으로 선발한 것일까? 경남에서는 현직 초등 교장·교감이나 교장·교감 자격증 소지자 중 지역교육장의 추천을 받아 교육감이 임용하는 형태로 교육전문직을 선발하였다. 그러다가 1996년 2월 전국에서 처음[2]으로 공개전

---

2)  연합뉴스(1995.9.18.)
    http://media.daum.net/breakingnews/newsview?newsid=19950918092200824)

형을 통해 초등교육전문직을 선발하였고 20년이 흐른 지금까지 공개전형을 통한 교육전문직 선발제도가 유지되고 있다.

## 경남 초등장학사 공개 선발

### 내년부터…유능한 인재 발굴 교육혁신 일환

경남도교육청은 내년부터 초등 교육 전문직인 장학사와 교육연구사를 공개전형을 통해 뽑기로 했다.

18일 도교육청은 지금까지 현직 초등교장·교감이나 교장·교감 자격증 소지자 중 지역교육장의 추천을 받아 사실상 교육감이 임용해 오던 관행을 깨고 내년 2월부터 공개전형을 통해 선발한다고 밝혔다.

도교육청의 이런 결정은 전문직의 고령화와 추천기준의 불투명성을 개선하고 일반 교사들에게도 교육전문직의 길을 터줌으로써 전직 기회와 함께 교육에 대한 사명감은 물론 젊고 유능한 인재발굴로 교육혁신을 가져오기 위해 취해진 조처이다.

공개전형은 서류전형과 교직·교양과목 등 필기시험, 면접시험을 치르며 선발인원은 20명 정도다.
창원/김현태 기자

한겨레신문(1995.9.19.)

2016년 1월 시행 경상남도교육청의 공개전형 공통 요건으로는 2016년 2월 29일 현재 본 도에 정규교원(국립포함)으로 3년 이상 실제 근무한 자로 다음의 요건을 갖춘 자로서, 2016년 3월 1일 기준 「유아교육법」 제22조 및 「초중등교육법」 제21조에 따른 1급 정교사 자격소지자, 교육경력[3] 15년 이상인 자, 보직교사 경력 3년 이상인 자 등 3가지 요건을 충족하여야 한다.

또한 다음 요건에 해당하는 자들은 응시 자격을 제한한다.

---

3) 교육경력에 대한 기준 여부는 시도교육청의 전형요강에 따라야 하며 경상남도교육청에서의 교육경력 기준은
   1. 정규교원으로 재직한 경력(기간제, 강사 등 제외)
   2. 교육공무원승진규정 제11조 1항에 의한 휴직은 포함
   3. 임용 전 병역법 및 군인사법에 의해 3년간의 범위 기간 이내에서 징집 또는 소집된 기간을 포함한다.

- 교육공무원임용령 제16조(승진임용의 제한) 각 호 해당자[4]
- 징계(불문경고 포함)를 받고 말소되지 않은 자
  - 아래 해당자는 말소여부와 상관없이 제외
    - 4대 비위 관련자: 금품·향응 수수, 학생 상습폭행, 성폭행, 성적조작
    - 공금횡령 및 유용 관련 사유로 징계 처분된 자
- 2015년, 2016년 학습연구년 특별연수자(예정자)
- 수석교사
- 타시도 교환 및 연수파견 중인 자
- 장기 휴직 예정자

---

4) 제16조(승진임용의 제한)
　① 교육공무원이 다음 각 호의 어느 하나에 해당하는 경우에는 승진임용될 수 없다.
　　1. 징계의결요구·징계처분·직위해제 또는 휴직 중인 경우
　　2. 징계처분의 집행이 끝난 날부터 다음 각 목의 기간(금품 및 향응 수수, 성폭행, 상습폭행, 학생성적 관련 비위에 따른 징계처분의 경우에는 각각 6개월을 더한 기간, 공금의 횡령·유용에 따른 징계처분의 경우에는 각각 3개월을 더한 기간)이 지나지 아니한 경우
　　　가. 강등·정직: 18개월
　　　나. 감봉: 12개월
　　　다. 견책: 6개월
　② 징계에 관하여 이 영에 따른 교육공무원과는 다른 법률의 적용을 받는 공무원이 이 영에 따른 교육공무원이 된 경우 종전의 신분에서 강등처분을 받은 때에는 그 처분의 집행이 종료된 날부터 18개월, 근신·영창, 그 밖에 이와 유사한 징계처분을 받은 때에는 그 처분의 집행이 종료된 날부터 6개월 동안 승진임용될 수 없다.
　③ 제1항 또는 제2항에 따른 승진임용제한기간 중에 있는 자가 다시 징계처분을 받은 경우의 승진임용제한기간은 전前 처분에 대한 승진임용제한기간이 만료된 날부터 새로운 징계처분에 따른 승진임용제한기간을 기산한다.
　④ 징계처분으로 승진임용제한기간 중에 있는 자가 휴직하는 경우에 잔여殘餘 승진임용제한기간은 복직한 날부터 다시 기산한다.
　⑤ 교육공무원이 징계처분을 받은 이후 당해 직위에서 훈장·포장·모범공무원포상·국무총리 이상의 표창 또는 제안의 채택시행으로 포상을 받는 경우에는 그가 받은 가장 중한 징계처분에 한하여 제1항 제2호 및 제2항에서 규정한 승진임용 제한기간의 2분의 1을 단축할 수 있다.

필자가 합격할 당시의 전형방법과 가장 최근의 전형 방법은 아래와 같다.

| 전 형 구 분 | | 전형 과목 및 분야 | 배점 |
|---|---|---|---|
| 1차 전형 | 서류전형 | 항목별 가산점 실적 | 20 |
| 2차 전형<br>(필답고사) | 초 등<br>중등 통합 | • 교직 · 교양, 교직실무 객관식, 논술형 및 서술형 | 60 |
| | 중등 과학 | • 교직 · 교양, 교직실무 객관식, 논술형 및 서술형 | 60 |
| | 중등원어민 | • 교직 · 교양, 교직실무 객관식<br>• 논술형 및 서술형 영문 작성 | 40 |
| 3차 전형<br>(면접고사) | 초 등<br>중등 통합 | • 교육전문직으로서 갖추어야 할 인성 및 직무수행능력 | 15 |
| | 중등 과학 | • 교육전문직으로서 갖추어야 할 인성 및 직무수행능력(전공분야 포함) | 15 |
| | 중등원어민 | • 영어회화능력 검증 및 직무수행능력 | 35 |
| 4차 전형<br>(다면평가) | 공통 | • 다면평가지에 의한 평가 | 5 |
| 계 | | | 100 |

<2008년 1월 시행 경상남도교육청 교육전문직 전형 방법>

| 단계 | 구분 | 내용 | 배점 | 비고 |
|---|---|---|---|---|
| 서류 심사 | 서류 평가 | • 제출 서류 적부 여부 | | 자격확인 |
| 1차 전형 | 논술 평가 | • 분야별 관련 정책 | 25 | 선발예정인원의<br>3배수 선발 |
| | | • 분야별 관련 현안 | 25 | |
| | 기획력 평가 | • 분야별 관련 기획 | 50 | |

| | | | | |
|---|---|---|---|---|
| 2차 전형 | 심층 면접 | • 분야별 구상면접 | 45 | 1차,2차,3차 전형의 합산점으로 선발예정인원의 1.2배수 선발 |
| | | • 분야별 즉문즉답 | 25 | |
| 3차 전형 | 교육활동 평가 | • 직무수행 계획 발표 | 15 | |
| | | • 교육활동 실적 평가 | 15 | |
| 현장 실사 | 현장실사 평가 | • 인성 및 자질 평가 • 현장 업무 추진 능력 | 적부 | 최종 선발 |
| 합계 | | | 200 | |

<2016년 1월 시행 경상남도교육청 교육전문직 전형 방법>

필자가 합격할 당시 2008년과 전형방법을 비교해 보면 2016년에는 객관식과 서술형 문항이 없어지고 기획력과 교육활동 평가(직무수행 계획 발표, 교육활동 실적 평가) 문항이 추가되었으며, 서류전형은 존치하되 배점이 없어지고 적부 여부만을 가리는 것으로 변하였다.

최근에 임용된 일부 교육전문직원의 실무능력에 대한 얘기가 교원들 사이에 회자되는 것을 보면 서류전형의 점수도 어느 정도 필요하다고 느껴진다. 서류 전형의 점수 요소들이 학교나 교육청의 일을 열심히 해야 얻을 수 있기 때문이다. 그리고 논술력, 기획력 중심의 문항 출제로 인하여 인사 및 학사실무 관련 공부를 소홀히 하게 되고, 이는 임용 후 인사 관련 업무를 기피하는 현상을 초래하고 있다. 그뿐만 아니라 업무추진 과정에서 크고 작은 실수를 하는 사례가 자주 발생하는 것을 보니 안타까운 마음이다.

# 장학사 공개전형 준비

앞서 언급한 전형 요강에 맞춰 어떻게 준비해야 할까? 필자의 생각으로는 그 어떤 것보다도 '1명을 뽑아도 내가 합격한다!'는 강한 신념이 필요하다. 자신감 없이 이룰 수 있는 일은 아무것도 없다.

전형 요강은 매년 조금씩 달라지지만 필자의 경험을 토대로 일반적으로 준비할 사항을 열거해 보면 아래와 같다.

첫째, 교육학 공부로 이론적, 학문적 기반을 다지자.

- 교육학 무료 동영상을 활용하거나 MP3 파일을 구해 보자.

- 한국교육과정평가원 홈페이지에 탑재된 임용고시 기출문제를 살펴보면 교육현안에 대한 시사점을 얻을 수 있다.

- 한국교원연수원, 티치스파, 유니텔연수원 등 온라인 강의를 들어 보자.

- 교육학은 매일 조금씩, 이론과 실제를 비교·대조하여 공부하면 지겹지 않게 공부할 수 있다.

둘째, 시대의 트렌드를 읽자.

- 회의 자료(시·도국장, 교육과장, 학교장 등 회의자료), 워크숍 자료

- 홈페이지(교육부, 소속된 시·도교육청, 새교육, 법제처, 지역교육지원청 등)

- 연수교재(소속된 시·도뿐만 아니라 타 시·도까지 포함)

- 행복한 교육, 교육경남, 장학월보, 새교육, 교육평론 등


셋째, 생활 습관을 바꾸자.

- 메모하는 습관을 가져라.

- 지침, 규정, 법률 등 근거 찾는 것을 생활화하자. 관심을 가지고 살펴보면 모
  든 것은 규정에 있는 것이다. 단지 모르고 있을 뿐이다.

- 자신의 눈으로 확인하고 원본을 찾는 습관을 갖고 출처를 꼭 메모해 두라.

- 만인과 친하라. 다면평가 등 현장실사 평가에 대비해야 한다.

- 학급이나 학교 일이 먼저다. 자기 학급 관리나 학교 일도 제대로 못 하면서 학
  교를 지도·감독해야 하는 교육(지원)청에서 일을 한다는 것은 우습지 않은가.

- 건강을 챙겨라. 건강이 뒷받침되지 않아 중도에 포기한 사람들도 생각보다
  많다.

- 교감이나 동료 교사들에게 자신이 공부 좀 했다고 표시 내지 말아라.

- 궁금하면 바로 해결하라.

- 나만의 로드맵을 그려라. (일일, 주간, 월간, 연간)

- 자신만의 바이오리듬에 맞는 일과를 운영하라. 눈의 피로를 쉽게 느끼는 사
  람이라면 낮에는 글자 크기가 작은 자료를 보고 밤에는 글자가 큰 자료를 보
  는 것도 효율적이다.

- 멘토를 정하라. 멘토는 자신이 가장 신뢰할 수 있는 사람 가운데 현재 전문직이거나 전문직을 거친 사람이면 좋겠지만 상생相生하는 길은 너무 의존하지 않는 것이다.

넷째, 꼼꼼하게 자료를 정리·관리하자.
- 공문을 자세히 살펴보자. 학교로 오는 공문은 모두가 자신의 업무라 생각하고 살펴보아야 한다. 공문은 제목만 보고 판단하지 말고, 단계별로 유목화하여 정리한다.
- 자료는 그때그때 요약하여 정리하자. 요약할 때는 [호]글에 표에 넣어 정리하여 정렬 기능을 활용한다면 추후 자료를 찾기에도 편리하다.
- 2가지 이상의 자료를 확인하라. 책에도, 공문에도 틀린 것이 있다.
- 가급적 워드프로세서를 사용하지 말라. 자필로 쓰고 기획하는 연습을 하는 것이 좋다.
- 폴더 및 파일 관리를 잘하라. 백업파일을 만들거나 이중 저장을 해 두어 덮어쓰기 등에 대비한다.

다섯째, 자주 출제되는 영역은 더 꼼꼼히 챙기자. 구석진 곳의 한두 문제보다 자주 출제되거나 해마다 거론되는 영역에서는 절대 틀리지 않도록 해야 한다.
- 공무원행동강령업무편람, 행동강령책임관 교육 자료
- 학교운영위원회업무편람
- 교육과정 편성·운영 지침
- 교육공무원인사관리기준, 인사사무처리지침

- 학교회계예산편성지침
- 교원휴가업무처리요령, 휴·복직 및 계약제교원 지침 등
- 개정 교육 과정
- 국정지표, 당해 년도 경남교육 계획, 경남교육시책 등

여섯째, 시험이 가까워질수록 평정심을 유지하자.
- 시험이 임박하면 공부한다고 각종 TF활동을 하지 않으려는 사람들이 있는데 교육청 일도 적당히 하면서 준비하는 게 좋다.
- 이니셜을 만들어라. 시험 당일에 기억이 가물가물하는 것을 경험해 보았을 것이다. 친근한 사람이나 소재를 활용하여 이니셜을 만든다면 오래 기억할 수 있다.
- 합격자의 자료를 과신하지 말라. 1월에 시험을 친다고 가정한다면 어느 정도 내공이 쌓인 후 11월 이후에 보는 것이 좋을 듯하다.
- 내가 불안하면 다른 사람은 더 불안하다. 마음의 안정이 최우선이다.

# 장학사 공개전형 실전 대응법

시·도교육청마다 구체적 전형요강이 다르지만 일반적으로 기획, 논술, 면접, 직무수행 계획 발표 등으로 나눠 볼 수 있다.

먼저 기획은 정책을 입안하는 정책기획과 대회·행사·연수 등 행사기획의 두 가지 형태로 나눌 수 있다. 채점 기준으로는 기획의 구성 요소 중 빠진 것이 없는지, 체계적으로 구성되어 있는지, 계획의 현실성, 논리성, 구체성, 충실성 등을 들 수 있다. 어찌 보면 교육전문직이 매일 하는 일이 기획인데 기획을 어려워하는 이들이 생각보다 많다. 그 원인은 주로 PC를 켜고 PC에서 바로 작업하는 것이 생활화되어 있기 때문이다. 기획력을 높이고 싶다면 학교에서 계획서를 써야 할 경우 자필로 백지에 작성하는 습관을 길러 두자.

둘째, 논술은 일반적인 논술문의 구비 요건을 생각하여 준비하고 임용 논술 등 관련 책자를 구입하여 이론적 바탕 위에 준비하여야 한다.

평소에 신문이나 교육 잡지 등을 보면서 논술에 적합한 자료를 모으고, 이슈 따라잡기에 힘써야 한다. 시험이 한 달 정도 임박했을 때는 하루 1편을 정해진 분량에 맞추어 써 보면 좋을 것이다.

교육전문직 논술전형에서 내용 요소가 포함되어 있는지 아닌지가 가장 중요한 요소지만 서론-본론-결론의 형태를 유지하는 것은 기본이다. 교육학 용어라든지 소속 교육청에서 특별히 추구하는 정책이나 행정 용어가 있으면 포함해서 쓰는 것이 좋다.

본론에서는 문제에서 요구하는 것들이 누락되면 곤란하다. 어떤 측면에서의 문제점, 학교 및 교육청에서의 대응 방안을 논하라고 한다면 세 가지 측면에서 답을 진술하여야 한다.

결론은 전술한 내용의 요약, 선행되어야 할 과제, 전망 등이 이루어지는 공간이다. 항상 교육전문직의 자세, 교육전문직이 해야 할 일과 연관 짓는 게 좋다. 요약하며 본론에서 언급하지 않은 내용이나 용어를 진술하는 경우는 특히 주의하여야 한다. 결론은 본론에서 마지막에 제시한 안으로부터 시작하여 본론 전반부에 제시한 안을 선행되어야 할 과제로 접근하는 것이 보다 체계적인 논술로 여겨진다.

셋째, 면접 전형은 구상형과 즉문즉답형으로 구분된다.

제한된 시간에 대상 인원을 모두 평가해야 하는 현실적 여건을 감안하지 않을 수 없기 때문에 1인당 5~10분 정도의 시간에 4~6문항에 대해 대답하는 방식으로 출제된다. 매년 선발하는 인원에 따라 다르지만 10명을 선발할 경우 3배수인 30명을 대상으로 면접을 시행하여야 한다. 따라서 논술이나 기획에서처럼 특정 주제나 영역에 대해 깊이 있게 물어보기는 어려우며 장학사로서의 역할이나 교육(지원)청에서의 지원 방안 등으로 묻는 형태가 일반적이다.

마지막으로 직무수행 계획 발표는 자기소개서와 직무수행계획서를 중심으로 자신의 강점을 부각시킬 수 있고 자신이 타인에 비해 비교 우위에 있는 영역을 골라 이유, 소신이나 복안, 그 일을 담당했을 때 자신의 역할, 자신이 담당했을 때 성공 가능성이나 예상되는 성과 중심으로 자신감 있게 발표하도록 한다.

# 장학사가 하는 일

'장학'이란 용어는 1946년 1월에 문교부 조직을 개편할 때 7국 21과로 기구를 개편하면서 장학을 전담할 인원으로 보통교육국 중등교육과와 초등교육과에 각 1명의 장학사를 배치하면서 연유하였다고 한다.

장학사는 어떤 일을 하는 사람일까? 국립국어원 표준국어대사전에 의하면 장학사란? 교육 공무원의 하나로 장학관의 아래 직급으로, 현장 교육 실천을 추진하기 위하여 교육 목표, 교과 과정, 교재 연구, 학습 지도법, 교원 연수, 학교 평가 따위의 교육에 관한 모든 조건과 영역을 대상으로 하여 지도·조언하는 일을 맡아 한다.

사전에 정의된 장학사가 하는 일 외에도 필자의 경험으로는 교원 고충이나 애로 상담, 학교의 교육활동 지원, 교육 정책 착근을 위한 수업장학, 정책장학, 인사장학 등의 일을 한다.

사전적 의미건 학술적 의미건 학교 교육의 변화와 발전을 위해 장학사의 역할이 지대함은 이론의 여지가 없다. 하지만 2010년 컨설팅 장학이 본격적으로 도입된 이후 현장방문을 가급적 자제하라는 방침에 의거 수업장학은 수석교사제도 도입과 학교장 책임경영제, 단위학교 자율장학 강화, 수업명사제 운영 등으로 장학사의 기능과 역할이 약화된 것이 사실이다.

도교육청 인사들과 접하다 보면 교육 정책이 학교현장까지 파급이 안 된다고 답답함을 토로하는 경우가 종종 있다. 필자의 생각으로는 교육지원청 장학사들의 무관심이나 역할이 미미해서라기보다는 담임장학처럼 그런 역할을 할 수 없도록 원천적으로 봉쇄되어 있는 것이 중요한 원인 중 하나라 생각한다. 물론 예전의 담임장학으로 회귀하자는 뜻은 아니다.

# 장학사의 월급

2008년 1월 교육전문직 시험에 합격한 후 친척이나 지인들로부터 가장 많이 들은 말은 "축하한다"는 말이 아니었다. "이제 월급도 많이 받겠네"였다. 나의 대답은 그저 싱긋 웃는 것이었다.

교사, 교감, 교육전문직 가릴 것 없이 교육공무원이 경제적인 풍요로움을 누리려면 교직을 떠나야 한다는 게 필자의 지론이다.

공무원의 보수는 봉급과 수당으로 이루어진다. 봉급은 본봉이라고도 하며 학령과 경력에 따라 정해지고 일반적으로 4년제 대학을 졸업한 교사의 경우 9호봉이다. 수당은 아래와 같이 여러 가지 종류가 있는데 모든 직위, 경력, 담당 업무 등에 따라 구분하여 지급한다. 교사, 교감, 장학사가 받는 수당에 대해 간략히 정리하면 다음의 표와 같다.

| 순 | 수당 종류 | 장학사 | 교사 | 교감 |
|---|---|---|---|---|
| 1 | 정근수당 | | | |
| 2 | 정근수당 가산금 | 근무년수에 따라 다르나 동일함 | | |
| 3 | 정근수당 추가가산금 | | | |
| 4 | 정액급식비 | 매월 130,000원 | | |
| 5 | 직급보조비 | 155,000원 | | 250,000원 |
| 6 | 연구업무수당 | 5년 이상 17,000원 5년 미만 32,000원 | | |
| 7 | 교직수당 | 매월 250,000원 | | |
| 8 | 교직수당 가산금 | | 원로교사(5만원), 보직교사(7만원), 특수학급(7만원), 학급담임(13만원), 보건교사(3만원), 영양교사(3만원), 안전지도(3만원) | 유치원 겸임 교장 100,000원 교감 50,000원 |
| 9 | 가족수당 | 가족 수에 따라 다르나 동일함 | | |
| 10 | 초과근무수당 | 경력에 따라 시간당 단가가 다름 20호봉 교사, 장학사: 10,723원 20호봉 교감: 12,299원 | | |

# 장학사는 만물박사가 아니다

장학사가 교육(지원)청의 모든 일을 한다고 생각하거나 교육과 관계된 일을 다 알고 있는 만물박사라고 생각하는 사람들도 있다. 어찌 보면 참 고마운 일이지만 현실은 다르다. 일반적으로 장학사가 교육에 관한 일들을 두루두루 알기는 하지만 기관의 사무분장에 의거 특정 업무를 수행하고 다른 사람의 일은 공람된 문서를 열람하는 수준이라 일반인들이 생각하는 것과는 차이가 있다. 가령 인사담당의 경우 교사, 교감, 교장, 교육전문직 인사 등으로 세분화하여 맡고 있기 때문에 교사인사를 담당하는 장학사에게 교장 인사에 대해 물어보면 인사상 비밀도 있겠지만 시원한 대답을 듣기는 쉽지 않다. 그리고 대부분의 교육전문직원들이 특정 업무만 담당하다 보니 그 업무에 대해서는 나보다 전문가는 없을 거란 자만에 빠지기 쉽다. 내가 아는 게 전부라는 위험한 생각에 빠질 개연성도 다분하다.

교사는 물론 교육전문직원도 부단히 연구와 수양에 힘써야 한다. 변화하는 시대에 대응하기 위한 측면도 있지만 속된 말로 교육전문직들도 공부를 해야 하는 데는 법률적, 현실적 측면의 이유가 있다.

먼저 법률적 측면에서 살펴보면 교육공무원법(법률 제13221호 일부개정 2015. 03. 27.) 제38조 (연수와 교재비) 1항에 "교육공무원은 그 직책을 수행하기 위하여 끊임없이 연구와 수양에 힘써야 한다."라고 규정하고 있다. 다시 말해 연구와 수양에 힘써야 하는데 그것도 '끊임없이' 열심히 공부를 해야 한다는 것이다.

다음으로 현실적 측면은 어떨까? 교육전문직도 계속 교육전문직만 할 수는 없다. 복무 연한이 종료되면 승진하거나 전직해야 한다. 교사에서 전직한 경우 교감 자격 연수도 받아야 하고 또 교장 자격 연수도 받아야 한다. 이와 같은 자격 연수 대상자로 선발되기 위해서는 연수 실적이 있어야 한다. 승진을 위해 연수를 받으라는 뜻으로 해석하지는 않았으면 좋겠다.

어떻게 공부할까? 교육전문직들만을 대상으로 하는 직무연수는 찾기가 힘들고, 교감, 교장 등 관리자 연수와 함께 개설되는 경우가 많다. 교육전문직의 직무를 수행하다 보면 장기간 사무실을 비우고 출석연수를 수강하기에는 어려움이 많다. 경남교육연수원에서 매월 안내해 주는 원격직무연수, 교육부연수원의 사이버연수, 그리고 교육청에서 특수분야 연수기관으로 승인받은 사이버연수원(한국교원연수원, 유니텔연수원 등)을 활용한 원격연수를 받아보길 추천

한다.

그러면 어떤 내용을 공부할까? 자신이 맡은 업무와 관련된 연수를 받거나 소속된 부서의 업무와 관련된 연수를 받기를 권장한다. 필자의 경우 영재교육 업무를 할 때는 영재교수법, 영어 교육 업무를 할 때는 생활영어회화, 그리고 생활지도와 안전을 담당하는 부서에 근무할 때는 안전보건 생활지도 과정을 이수한 바 있다.

어차피 해야 할 것이라면 업무에 직접적으로 도움되는 연수를 받음으로써 실적도 쌓고 전문성도 키우면 금상첨화가 아니겠는가!

# 장학사의 물건

장학사라면 항상 소지하고 다녀야 할 물건이 있다. 장학사의 물건이라 하여 대단하거나 거창한 것은 아니다. 전화기, USB 등 휴대용 저장 매체, 교육 수첩, 교직원 명부, 명찰, 메모지나 수첩, 필기구 등이 필자가 생각하는 장학사의 물건이다.

먼저 전화기이다. 국가공무원 당직 및 비상근무 규칙(총리령 제1201호 일부 개정 2015. 10. 28.) 제37조(직원 연락체계의 유지)에 의하면 '공무원은 근무시간이 아닌 때에도 항상 소재 파악이 가능하도록 연락체계를 유지하여야 한다.'라고 규정하고 있다. 굳이 규정을 따지지 않더라도 담당자에게 연락을 취했는데 전화를 받지 않는다면 어떻게 되겠는가? 학교폭력이나 자살업무 담당자라면 더욱 그러해야 할 것이다.

전화기는 통화만을 목적으로 하지 않는다. 각종 사안 발생 시 증거 보전을 위한 사진이나 동영상 촬영, 녹음 등 다양한 기능을 사용해야 하므로 스마트폰은 필수다. 또 장기간 출장 시에는 휴대전화 보조배터리도 필수 품목 중 하나다.

다음은 USB 등 휴대용 저장 매체다. 컴퓨터 작업을 주로 하다 보면 파일을 옮겨 다니며 작업을 해야 하는 경우가 많다. 인터넷이 가능한 공간이라면 클라우드나 웹하드, 이메일 등에 저장해 두는 것도 방법이지만 인터넷 접속이 원활하지 못한 경우도 대비해야 한다. 그리고 USB에는 업무포털 인증서를 항상 저장해 두어 원격지에서도 업무 수행이 가능하도록 해야 할 것이다.

다음은 교육 수첩이다. 매 학년도 초에 도교육청 총무과에서 발행한다. 교육청 등 각급 기관과 학교 현황, 관리자(교장, 교감, 행정실장 등) 전화번호 등이 수록되어 있다. 교육전문직은 학교를 방문하거나 교육장, 과장 등 상급자를 수행해야 하는 경우가 잦다. 스마트폰으로 검색해서 찾아도 되겠지만 이동 중에라도 방문 기관에 대한 정보를 찾기엔 교육 수첩이 안성맞춤이다.

다음은 교직원 명부다. 모 교원 단체에서 해마다 발행하는데 개인 정보 제공을 동의하지 않은 교직원은 연락처가 없기도 하지만 교직원 사이에서는 가장 인기 있는 책이 아닐까 생각한다. 급히 연락해야 할 경우가 잦은데 교직원 명부보다 편리한 책자는 없는 것 같다.

다음은 명찰이다. 내근할 때도 물론이거니와 외부 행사 참석 시에는 반드시 명찰을 패용해야 한다. 명찰 패용은 상대방이 나에 대한 실수를 하지 않도록 도와주는 역할을 하기도 한다. 사람을 만났을 때 이름이 기억나지 않는 경우가 있다. 물론 나이가 들면 그런 증세는 더 자주 나타날 것이다. 이런 경험이 있는 사람이라면 앞의 주장에 대해 동의할 것이다.

　다음은 메모지나 수첩 등 필기구이다. 뒤에 다시 언급하겠지만 지금은 적자생존의 시대다. 우스갯소리로, 적는 자가 살아남는다. 스마트폰의 메모 기능을 가진 어플을 사용하는 방법도 좋다. 기록의 중요성은 두말할 나위가 없을 것이다.

제2부

빠르게

# 고민은 깊게 실행은 스피드하게

어떤 일을 추진할 때 계획 단계에서는 정말 많은 고민이 필요하다. '본질이 뭘까? 어떻게 해야 참가자들의 만족도를 높일 수 있을까? 안전에는 문제가 없을까? 어떻게 해야 공정할까?' 등 예상되는 문제점, 민원 등 심사숙고해야 할 것이 많다.

2003년 미국 경제전문지 포천에서 세계 주요 기업 CEO 2만여 명에게 '책임자로서 제일 중요하다고 생각하는 것이 무엇이냐?'는 물음에 대해 '예견력', '결단력', '친화력'이라고 답한 이들이 많았다[5]고 한다. 이는 책임자라면 미래를 내다보고 과감한 결단을 내려야 함을 반증하는 것이라 할 수 있다.

계획 단계에서는 충분히 고민하되 방향이 정립된 이후에는 스피드하게 실행에 옮겨야 한다. 다만, 계획을 실행에 옮기는 데 있어

---

5) 동아일보(2014.10.2.) [DBR 경영 지혜] '수익성 100점 경영'보다 '전략적 70점 경영'을 하라

추진력과 무모함은 구분되어야 한다. 결재 라인에 있는 분들과의 협의는 기본이고 적어도 팀원들과의 협의 없이 하는 무모한 실행은 삼가야 한다.

추진력과 무모함은 어떻게 구분할 수 있을까요?[6] 적어도 '무모하다'는 말이 나올 정도라면 아주 작은 가능성이라도 있다는 뜻입니다. 그렇다면 그 가능성을 키우고 성공시키기 위해서 최선을 다해야 합니다. 가능성이 적은 일을 하는 것이 무모한 것이 아니라, 최선을 다할 생각이 없는 일을 하는 것이 무모한 것입니다. 그럼에도 추진력과 무모함을 구분하고자 한다면, 정말로 그 일을 하고 싶은지, 그 일을 향한 강렬한 열망이 있는지를 생각해 봐야 할 것입니다. 그런 이유와 열망이 있다면 아무리 남들이 고개를 젓는다 해도 무모하다고 말할 수는 없을 것입니다. 설령 실패하더라도 많은 것을 얻게 되니까요. 정말 무모한 일은 분위기에 편승해서 뚜렷한 동기도 없이 휩쓸리듯 나서는 것입니다. 그런 일에 최선을 다할 리가 없습니다.

독불장군은 없다. 교원인사나 선발에 관한 문제 등 보안이 필요한 문제라면 예외겠지만, 팀원들과 사전에 충분히 협의를 거치면 추진 중에 일어날 수 있는 문제점과 민원도 예방될 것이다. 나보다 더 똑똑한 '우리'를 믿어 보자.

---

6)    현대경제연구원(2011). 정주영 경영을 말하다(2011). 현대경제연구원. pp.51~52.

# 가래로 막을 것도 호미로 막자

우리나라 속담에 '호미로 막을 것을 가래로 막는다'는 말이 있다. 초기 대응이나 선제적 대응의 중요성을 두고 하는 말이다. 민원 대처가 그렇다.

교육(지원)청에 근무하다 보면 다양한 민원을 접하게 된다. 특정한 업무의 경우 국민신문고 답변 작성에 근무시간을 다 쏟아야 하는 경우도 있다. 자신이 담당하고 있는 업무로 인한 것도 있지만 학교에서 대응이 잘못되어 교육(지원)청으로 넘어오는 경우도 많다.

2015년 7월, 창원의 모 초등학교에서 교사가 아동을 폭행했다는 TV 뉴스 보도가 있었다. 사건은 방송을 타기 1주일 전에 일어났었고 학부모가 학교에 찾아왔었는데, 당시 사안의 중요성과 심각성을 인지하지 못하고 안이하게 대응한 결과였다. 1주일이란 시간이 있었는데도 말이다. 호미로 막을 것을 가래로 막은 전형적인 경우다.

호미로 막을 것을 가래로 막는 일이 벌어지지 않도록 초기 대응을 잘하고 친절을 베풀어 보자. "오죽 답답했으면 저한테 전화하셨겠습니까?", "충분히 공감합니다.", "어머니 말씀을 들으니 제가 더화가 납니다." 등 상대방에 대한 공감과 이해는 기본이다. 다른 직원의 전화를 대신 받아 자신이 해결할 수 없는 경우에도 콜백 서비스를 철저히 하자.

또 민원의 대부분은 절차나 방법을 제대로 알지 못해 발생하는단순 문의가 많다. 때로는 사무실의 여러 전화기가 동시에 울려대며 합창을 하는 경우도 있다.

직원들이 민원인과 전화 통화를 하는 내용을 본의 아니게 엿듣다 보면 민원인은 다르지만 답변은 대동소이하여 같은 말을 반복하는 경우를 접한다. 자신의 민원 유형을 분석해 관련 홈페이지에탑재하여 미리 안내하거나 흐름도를 작성해 보길 권한다. 생각보다전화 오는 숫자가 급격히 줄어들 것이다. 민원인과 전화를 해야 하는 본인도 안타깝겠지만 좁은 사무실에서 같은 답변을 365일 들어야 하는 직원들에 대한 배려도 필요하지 않을까?

지나친 자신감은 때론 오만이다. 민원이나 문제를 나 혼자의 힘으로 해결하겠다는 것은 위험하다. '상관이 알게 되면 어떻게 할까'하는 불안감이 들지만 윗분에게 말씀드리고 나면 마음이 편안해진다. 대부분의 장학관들은 장학사보다는 경험, 노하우, 인맥 등이뛰어나다. 자신은 예상치 못한 간단한 방법으로 한 방에 해결되는경우가 많다.

특히 시청 등 유관기관과 관련된 사안이나 민원은 제때제때 교육장 등 기관의 최고 책임자에게까지 보고가 이뤄져야 한다. 자신의 선에서 해결하겠다는 안이한 생각은 금물이다.

어니 젤린스키는 우리가 하는 걱정거리의 40%는 절대 일어나지 않을 사건, 30%는 이미 일어난 사건, 22%는 사소한 사건, 4%는 우리가 바꿀 수 없는 사건이고, 4%만이 우리가 대처할 수 있는 진짜 사건이라 하지 않았던가!

# 보도자료는 제목이 중요하다

업무를 추진할 때 늘 염두에 둬야 할 것이 있다. 바로 홍보를 어떻게 할 것인가이다. 홍보의 기본은 보도자료를 잘 쓰는 것이다. 제목에서부터 끌어당김의 법칙이 유효하도록 해야 한다.

기자와의 관계도 중요하다. 평소에 언론사 직원들과 친분을 쌓아 두기를 권한다. 이메일 주소를 확보하여 행사가 끝남과 동시에 관련 사진을 첨부하여 보내면 된다. 귀찮아 할 것 같지만 잘 아는 기자들의 말씀으로는 '때꺼리'가 고민될 때는 오히려 고맙다고 생각한단다.

또 언론사 홈페이지를 찾아가 보면 대부분 '독자 투고'란을 운영하고 있다. 미리 보도자료만 작성되어 있다면 복사해서 붙여 넣기만 하면 되므로 쉽게 활용할 수 있다.

보도자료는 가급적 오후 3시 이전에 제공하는 것이 좋다. 조간신문의 경우 원고 작업을 오후 3시쯤에 시작한다고 한다. 한 가지

주의할 점은 금요일에 보도자료를 제공하는 것은 삼가는 것이 좋다. 대부분의 지방 언론사에서는 토요일에 휴간한다는 점을 참고하면 좋겠다. 따라서 홍보가 필요한 행사를 계획할 때에는 금요일은 피하는 것이 좋다.

띠리링 전화가 오고 상대방이 기자라고 하면 긴장하기 마련이다. 언론에 보도되는 기사 대부분이 비판성 기사일 거다. 곤란한 경우라면 지금은 회의 중이니 잠시 후에 다시 전화드리겠노라고 일단은 전화를 끊고 장학관님이나 과장님 등 상급자와 의논을 하고 대처하는 것도 좋은 방법이다.

뉴스와이어에서 제시하는 보도자료를 잘 쓰는 요령 15가지[7]는 아래와 같다.

## 1. 사건의 의미와 중요성 강조

보도자료를 쓰는 이유는 대중과 언론이 알아야 할 어떤 사건이 발생했기 때문입니다. 보도자료 내에 이 사건에 대해 주변 사람들이 왜 관심을 가져야 하는지에 대하여 충분한 설명과 의미 부여를 하는 것이 중요합니다. 그래야 언론과 대중이 주목을 하게 됩니다.

## 2. 신뢰감을 주고 인상적이어야 한다

뉴스를 신뢰감과 함께 깊은 인상을 주어야 합니다. 소비자는 구체적인 근거 없

---

7)　뉴스와이어/교육센터/보도자료 작성법 http://www.newswire.co.kr/?ed=4

이 최초의, 최고의 같은 형용사를 남발한 보도자료를 뉴스가 아닌 광고로 받아들이게 됩니다. 또한 기자는 과장된 보도자료에 대해서는 인용 보도를 하지 않습니다. 차분하게 쓰면서 깊은 인상을 줄 수 있는 근거 또는 통계 수치 등을 제시해 뉴스의 설득력을 높이는 것이 좋습니다.

### 3. 간명하고 함축적인 제목

보도자료는 제목만 보고 이 글이 무엇인지 알 수 있어야 합니다. 제목은 고속도로의 표지판처럼 몇 글자만으로 무슨 얘기인지 금세 알 수 있어야 합니다. 보통 신문 기사의 제목은 길어야 15글자이므로 제목은 짧아야 합니다. 언론인은 호기심을 불러일으키려고 내용의 핵심에서 벗어나는 엉뚱한 제목을 붙이는 보도자료를 싫어합니다.

### 4. 말하듯이 써라

말을 하듯 글을 쓰는 것이 중요합니다. 공식적인 뉴스라고 해서 한자어를 남발해 문어체로 작성하면 내용이 어려워집니다. 또 뉴스가 생생하게 전달되지 않습니다. 특히 독자는 딱딱한 문어체 제목보다 직설적인 구어체 제목에 더 눈이 끌린다는 점을 명심해야 합니다.

### 5. 첫 문장에서 전체 윤곽을 잡아야

뉴스의 첫 문장을 흔히 리드(lead)라고 부릅니다. 뉴스에서 첫 문장은 대단히 중요합니다. 첫 문장만 읽어 보아도 전체의 내용이 한눈에 들어오도록 작성해야 합니다. 그래야 독자는 뉴스의 전체 내용에 대하여 감을 잡고 다음 문장을 읽을

지 여부를 결정합니다.

## 6. 본문은 역 피라미드 형식으로

보도자료는 반드시 역 피라미드 형식으로 작성해야 합니다. 가장 중요한 정보를 앞부분에 쓰고 뒤로 갈수록 덜 중요한 내용을 나열하는 방식을 역 피라미드 형식이라고 합니다. 보도자료나 기사가 긴 경우 언론인이나 편집자는 기사를 뒤부터 자르게 됩니다. 독자 역시 제목과 기사의 앞부분을 읽다가 흥미를 느끼지 못하면 다른 기사를 보게 됩니다.

## 7. 독자의 입장에서 쉽게 작성

보도자료를 작성할 때 가장 유의해야 할 점은 발표자의 입장이 아닌 독자의 입장에서 글을 써야 한다는 것입니다. 보도자료를 작성하다 보면 자신을 홍보하는데만 몰두해 독자가 무엇을 궁금해 하는지 생각하지 못하는 경우가 많습니다. "이 글이 대중의 삶과 어떤 관련이 있고 어떤 영향을 미칠 것인지 제대로 알려주고 있는가?"를 보도자료를 만들면서 계속해서 되묻기 바랍니다. 특히 난해한 전문 용어는 대중의 관심에서 멀어지는 것을 자초하는 지름길이라는 것을 명심해야 합니다.

## 8. 육하원칙에 따라 핵심 내용 요약

보도자료에는 누가, 언제, 어디서, 무엇을, 어떻게, 왜 했는지에 대한 정보가 반드시 포함돼야 합니다. 육하원칙은 뉴스보도의 기본입니다. 보도자료를 작성한 뒤 이 중 하나라도 빠진 것이 없는지 꼼꼼히 점검하기 바랍니다.

## 9. 핵심이 분명하고 일관성 있어야

보도자료는 핵심 내용이 무엇인지 분명히 나타나 있어야 합니다. 이런 얘기 저런 얘기를 일관성 없이 나열하는 것은 바람직스럽지 않습니다. 할 얘기가 아무리 많다 하더라도 이 가운데 무엇이 핵심 내용인지 분명히 하고 논리적 일관성이 있는 보도자료를 작성해야 합니다.

## 10. 문장은 짧아야

신문사나 방송사 데스크는 늘 기자에게 문장을 짧고 명료하게 쓰라고 주문합니다. 그래야 독자가 읽기 쉽고 뜻이 분명해지기 때문입니다. 신문 기사의 경우 한 문장의 평균 글자 수가 60자 정도입니다. 보도자료도 이 숫자에 맞추는 것이 바람직합니다. 자꾸 글이 길어질 때에는 한 문장에 한 개의 아이디어만 담는다고 생각하고 문장을 만드는 것이 좋습니다. 두 개의 아이디어를 하나의 문장에 담는 복문은 피해야 합니다.

## 11. 긴 보도자료는 본문과 해설로 분리

보도자료의 본문은 A4용지 2페이지를 넘기지 않는 것이 좋습니다. 신문에 실리는 뉴스를 보면 A4 두 장 이상의 기사는 거의 없습니다. 다만 전문지나 잡지의 경우는 긴 기사를 쓰는 경우도 있습니다. 이를 감안해야 한다면 본문 뒤에 해설이나 참고자료 또는 용어 설명을 붙여 주는 것이 좋습니다.

## 12. 코멘트는 신뢰성을 높여

뉴스의 신뢰성을 높이는 가장 좋은 방법은 관련된 인물의 코멘트를 보도자료에 넣는 것입니다. 보도자료에 인용 부호를 넣어 사장, 임원, 개발책임자, 기관장 등의 코멘트를 넣으면 언론인과 독자는 훨씬 내용에 신뢰감을 갖게 됩니다. 또한 코멘트를 붙이면 언론인은 직접 만나거나 취재하지 않고도 만난 것처럼 기사를 쓸 수 있습니다. 코멘트를 붙일 때 명심해야 할 것은 그 인물이 해당 분야에 대해 전문가적인 식견을 갖고 있다는 것을 느낄 수 있게 붙이는 것이 좋습니다. 코멘트를 붙일 경우에는 말한 사람의 이름이 반드시 있어야 하며, '관계자' 같은 애매한 표현은 사용하지 말아야 합니다.

## 13. 사진과 동영상 삽입

뉴스에 동영상이나 사진을 삽입하면 뉴스의 주목도가 크게 높아집니다. 사진은 전문가가 촬영한 것을 쓰는 것이 좋습니다. 인물이나 물건을 찍는 경우에는 조명에 따라 분위기가 전혀 달라지므로 스튜디오에서 촬영을 하는 것이 좋습니다. 원리를 알기 쉽게 설명한 그래픽이나, 연도별 추세를 나타낸 그래프나 도표를 준비하면 더 의미가 명확하게 전달됩니다.

## 14. 문의처, 회사소개, 웹 주소 기재

보도자료에는 반드시 발표 담당자 이름, 전화번호(또는 이메일)가 기재돼야 합니다. 그래야 언론인이 내용을 확인하고 궁금한 것을 물어볼 수 있습니다. 요즘에는 보도자료에 웹사이트와 간단한 회사 소개까지 붙이는 것이 보편화되고 있습니다.

## 15. 키워드를 보도자료에 삽입

뉴스와이어는 보도자료를 대형 포털에서 볼 수 있는 시대를 열었습니다. 포털에 배포된 보도자료는 키워드에 의해 검색돼 대중에게 노출될 가능성이 높습니다. 따라서 보도자료를 작성할 때에는 대중이 잘 사용하는 적절한 키워드를 넣어서 작성하는 것이 좋습니다.

(사)시민기자협회가 제시한 좋은 보도자료 평가기준 10가지[8]는 다음과 같다.

1. 멋진 제목인가(9~14자)

2. 키워드로 부제목을 달아라(주제목은 흡인력, 부제목은 핵심 내용)

3. 제목으로 리드를 작성하자(제목은 리드에서 나온다)

4. 두괄식으로 중요한 것부터 차례로

5. 키워드는 현금과 같은 단어

6. 한 문장에 2행을 넘지 말고(육하원칙을 2~3문장으로 나눠 담아라)

7. 소비자 입장에서 작성하라(언론의 최종 소비자는 시민)

8. 전화번호 함부로 넣지 마라(정돈된 프로필을 제시하라)

9. A4 한 장을 넘지 않게 12페이지, 1천 자 내외

10. 인용 멘트나 도표 활용 신뢰도 우선

---

8)  http://www.civilreporter.co.kr/news/articleView.html?idxno=10060

# 좋은 사진이 보도자료를 빛낸다

기획을 할 때 항상 염두에 둬야 할 것 중의 하나가 홍보를 어떻게 할 것인가이다. 보도자료 제공 시에 사진도 같이 준다면 정보 전달의 효과를 높일 수 있고 기사를 더 빛낼 수도 있다.

인터넷, 스마트폰 등 디지털 문화의 발달로 사진을 찍고 공유하는 문화가 확산되면서 일반인들의 사진술도 나날이 발전하고 있다. 그럼에도 보도자료의 사진들을 접하다 보면 종종 답답함을 느낄 때가 있다. 화면의 2/3 이상이 천장을 차지한다든지 어떤 내용이고 무엇을 하는 사진인지 이해하기 어려운 사진을 쉽게 접할 수 있다.

<보도자료로 제공하기에 적절하지 못한 사진의 예>

　보도자료와 함께 제공하는 사진은 어떤 것이 좋을까? 사진만 봐도 어떤 행사인지 알 수 있는 사진, 몇몇 인물이 부각된 사진보다는 전체적 분위기를 느낄 수 있는 사진, 정적이기보다 동적인 사진이면 더 좋겠다.

　사진 제공 시 유의할 점으로는 탈북, 다문화, 특수교육대상학생 등의 경우 얼굴이 노출되지 않도록 유의해야 한다. 인권침해 등 민원의 원인이 되기도 한다. 각급 기관이나 학교 홈페이지에 탑재할 경우에도 해당 학생이나 참여자의 얼굴이 노출되지 않도록 하는 것이 좋다.

# 일일보도 현황을 체크하자

　매일 아침 출근길에 가장 먼저 하는 일은 업무포털에 접속하고 일일보도 현황을 다운받아 부서 내 직원들에게 메신저 보내는 일이다. 처음에는 어색하던 직원들도 이제는 필자가 출장 등으로 오전에 출근을 못 하는 날이면 기다려진다고 한다.

　언론에 보도되는 교육 관련 기사들을 내 업무라 생각하고 대응할 필요가 있다. 홍보성 기사라면 몰라도 즉각적인 대응이 필요한 보도가 났는데도 당사자가 모르고 있다면 말이 되겠는가? 일일보도 현황을 수시로 체크함은 물론 수시로 언론 보도에 관심을 갖는 생활 태도를 견지해야 한다. 타 지역에서 일어난 일이라도 자신의 업무와 관련된 보도가 났다면 반드시 체크하고 대응 방안을 마련하여야 한다. 설령 내 업무는 아닐지라도 우리 교육지원청 일이고 넓게는 경상남도교육청 일이기 때문이다. 강 건너 불구경 하다가 발등의 불이 될 수도 있기에 매사에 적극적이고 선제적인 대응이 필요하다.

자신의 업무와 관련된 기사는 원본을 출력해서 중요한 내용은 형광펜으로 그어 상급자에게 보고해야 한다. 기사 내용이 많을 경우 요약본을 만들어 보고하도록 한다.

특히, 비판적이거나 부정적 기사는 국정감사나 행정사무감사 시 자료 요구의 대상이 되기도 하므로 잘 보관해 두어야 한다. 자신의 업무나 관심 분야의 기사는 폴더를 지정하여 보관해 둔다면 추후에 필요한 경우 쉽게 찾을 수 있다.

비판성 기사를 접하고 교육장님께 보고한 예를 들면 다음과 같다.

# '다문화 학생 교육지원 저조' 관련 보도

담당: 국제 · 학부모교육담당 이병만(0411)

## 📍 보도 내용

경남신문      2015년 09월 17일 목요일 005면 사회

### 경남 '다문화 학생 교육지원' 참여 전국 최하위

유은혜 의원, 국감서 시·도 교육청 교육지원사업 분석 결과 밝혀
참여율 전국 평균 27.9%크게 못미친 8.8%불과…학습부진 이어져

경남도교육청의 다문화 학생에 대한 교육부 지원사업 참여도가 전국 최하위로 나타났다.

16일 국회 교육문화체육관광위원회 유은혜(새정치민주연합) 의원의 교육부로부터 받은 다문화 학생 교육지원사업 현황에 따르면, 경남도교육청의 다문화학생 교육지원사업 참여가 8.8%로 전국 최하위로 조사

됐다. 이는 전국 평균 27.9%에 크게 모자란 것으로, 인근 울산 20.6%, 부산 12.3%보다도 낮았다.

전국 초등학교 다문화 학생수는 초등학교 6만2623명, 중학교 1만2963명, 고등학교 8286명이며 다문화 학생수가 적게는 전체 학생 대비 1학년 3.2%, 6학년 1.3%였다. 경남의 경우 초등 1학년은 4.2%, 초등 6학년은 1.0%로

4.2%에나 늘었다.

다문화 학생들은 급증하는 반면 교육부의 특별교부금 국가시책사업비

는 2014년 90여억원서 올해 70여억으로 오히려 감소했다. 다문화 학생 대부분이 우리 말과 글이 익숙지 않은 부모에 의해 양육되고 있으며, 다문화 가정의 정책·교육의 외인이 통지 않은 탓에 학습부진으로 이어지고 있다.

유 의원이 시·도교육청으로부터 받은 자료를 분석한 결과 초등 3-6학년 다문화 학생 학습부진 현황을 보면 13.0%로, 일반학생 학습부진 비율 5.3%보다 2.5배가량 높았다. 중학생 국가수준학업성취도 평가에서 일반

학생의 기초미달 비율은 국어 2.0%, 수학 5.7%였는데, 다문화 학생은 국어 13.0%, 수학 13.5%로 훨씬 높게 나타났다. 다문화교육 사업을 쳐해 진행하지 않고 있는 학교도 경남의 경우 36개교 중 24개교로 80%나 됐다.

유 의원은 "다문화 학생은 교육의 등하의 결차의 기초문제 교육의 어휘을 등으로 학령기에 진입하면서 빌어른 출발선에 설 가능성이 높기 때문에 세심하고 전문적인 교육지원이 보편적으로 이뤄져야 한다"고 지적했다.

이재수 기자

## 📍 경과

○ 학교혁신과-18144(2015.8.13.)호에 의거 국회의원 요구자료 제출

○ 제출내용(2015. 8. 18.)

   - 다문화 관련 사업 학교수

   - 다문화 관련 사업 참여 학생수

   - 사업 대상 학교 중 학습 부진 학생 현황

## 📍 해명 내용

○ 이번 조사는 교육부에서 지원하는 다문화교육 관련 사업을 수행하는 학교만을 대상으로 하였고

○ 사업대상 학교의 대부분이 학생수가 적은 농산어촌 소규모 학교여서 전체적으로 참여 학생도 적고 사업 참여 비율도 낮은 것으로 나타났음

○ 소규모 학교가 많은 경남과 대규모 학교가 많은 부산, 울산을 비교하는 것은 무리임

# 의회는 교육청의 동반자

교육청이든 교육지원청이든 대의회 관계는 아주 중요하다. 교육청과 직접 관련성이 있는 것은 경상남도의회와 상임위원회로 운영되는 교육위원회 그리고 예산결산특별위원회 등이다.

의회에서는 예산이 많이 투입되는 사업, 도민에게 영향이 큰 사업, 언론에 보도되어 이슈된 사안들에 대해 관심이 많다. 또 의원 개인의 성향에 따라 CCTV, 다문화 등 관심사도 다르다.

중앙정부에서 정책을 추진하기 위해서 국회의 심의와 의결 절차를 거쳐야 하듯 교육청에서도 소관 상임위원회인 교육위원회와 본회의 심의·의결을 거치지 않고는 정책 추진이 어렵다. 따라서, 교육(지원)청에서는 평소에 의회 및 의원들과 우호 관계를 유지하는 것이 중요하다.

학부모나 도민에게까지 영향을 끼치는 중대 사안의 경우 도의회에 사전 보고 절차를 갖는 게 좋다. 개개 의원에게 보고가 힘들다면

도의회 의장단과 교육위원회 의장단을 사전에 방문하여 양해를 구한다. 이렇게 한다면 의원들의 자존심도 챙겨 주면서 집행부에서 하고자 하는 바를 쉽게 추진할 수 있다. 2014년 9월, 인사 이동과 맞물려 사전 협의를 거치지 않았는데 교육감님께서 기자회견을 할 수밖에 없는 상황이 생겼다. 이른바 '학교 업무 다이어트 계획[9]'을 발표하는 기자회견을 열기로 한 것이다. 당시 정책기획관님과 함께 경상남도의회 교육위원회 위원장님과 부위원장님 자택을 찾았다. 추석 연휴 기간이었지만 담당자의 열정을 이해해 주셨기에 무난히 넘어갈 수 있었다.

교육위원회나 예산결산특별위원회가 개최되면 교육청 내 직원들은 긴장해야 한다. 특히 의원들의 질의에 답변을 해야 하는 상급자가 곤란을 겪지 않도록 예상 답변서와 백데이터를 충분히 준비해 드려야 한다. 담당자의 실수나 착오로 인해 상급자가 곤란을 겪는다면 얼마나 미안하고 황당한 일인가!

의회의 본분은 집행부에 대한 견제 기능이다. 의회가 교육청의 일에 지적하고 관여하는 일은 의회 본연의 일이므로 동반자라 생각해야 할 것이다.

의회가 열리는 날에 본청에서는 TV를 시청하면 되지만 교육지원청에서도 TV를 시청할 수 있는 시스템이 갖추어져 있지 않다. 경상남도의회 홈페이지를 찾아 인터넷방송을 시청해 보자. 실시간

---

9) 2014.9.11. 기자회견에서 연구·시범·선도·지역중심학교, 초등 9시 이전 방과 후 수업, 획일적 보충수업(방과 후 수업), 강제적 야간자율학습, 0교시 수업 등 5가지를 폐지하기로 함.

시청이 어렵다면 다시보기를 이용해도 무방하다. 자신이 맡은 업무와 관련된 질의는 어떤 것들이 있었는지, 또 어떻게 대응해야 할지 대응 방안도 마련해 보자.

# 2016년도 경상남도의회 연간회기 기본일정

- 회기 운영계획: 총 10회, 129일
- 정례회(65일 이내): 2회, 62일(1차 17일, 2차 45일)
- 임시회(회별 15일 이내): 8회, 67일

- 월별 운영계획

| 월별 | 회기별 | 회 기 | 주요처리안건 | 비고 |
|---|---|---|---|---|
| 1월 | 제332회 | 1.7(목)~1.14(목)<br><8일간> | • 2016년도 새해 인사(도지사, 교육감)<br>• 2016년도 주요업무계획 보고<br>• 조례안 등 일반 의안 | |
| 2월 | 제333회 | 2.16(화)~2.23(화)<br><8일간> | • 조례안 등 일반안건 | 설연휴<br>2.8~2.10 |
| 3월 | 제334회 | 3.8(화)~3.15(화)<br><8일간> | • 2015회계연도 결산검사위원 선임<br>• 도정에 대한 질문<br>• 조례안 등 일반 의안 | |

| 5월 | 제335회 | 5.10(화)~5.24(화)<br><15일간> | • 추경예산안(교육청)<br>• 조례안 등 일반 의안 | |
|---|---|---|---|---|
| 6월 | 제336회 | 6.9(목)~6.16(목)<br><8일간> | • 조례안 등 일반 의안 | |
| 7월 | 제337회 | 7.5(화)~7.8(금)<br><4일간> | • 10대 후반기 원구성<br> - 의장·부의장 선거<br> - 상임위원장 선거,<br>  상임위원선임<br>• 조례안 등 일반 의안 | 후반기<br>원구성 |
| | 제338회<br>(정례회) | 7.12(화)~7.28(목)<br><17일간> | • 2015회계연도 결산승인<br>• 추경예산안(도청)<br>• 조례안 등 일반 의안 | |
| 9월 | 제339회 | 9.20(화)~9.27(화)<br><8일간> | • 도정에 대한 질문<br>• 조례안 등 일반 의안 | 추석연휴<br>9.14~16 |
| 10월 | 제340회 | 10.6(목)~10.13(목)<br><8일간> | • 행정사무감사 계획 승인<br>• 조례안 등 일반 의안 | |
| 11월<br>~<br>12월 | 제341회<br>(정례회) | 11.1(화)~12.15(목)<br><45일간> | • 행정사무감사<br>• 도정에 대한 질문<br>• 2016년도 결산추경예산안<br>• 2017년도 세입 · 세출예산안<br>• 조례안 등 일반 의안 | |

※ 회기일정 및 처리안건은 필요 시 변경될 수 있음.

# 멋대로와 제대로

멋대로와 제대로의 차이점은 무엇일까? 아마도 관련 규정이 어떠한지를 제대로 알고 행하는 사람과 그렇지 못한 사람을 비유한 것이 아닐까? 교육 관련 법을 잘 알면 민원 응대에도 유리하다. 아래 교육 관련 법 목록은 저자가 장학사 시험을 준비할 때 그리고 업무를 수행하며 자주 펼쳐 보았던 법률, 규정, 자치법규들이다. 필요할 때 찾아봐도 좋겠지만 개략적 내용은 이해하고 있어야 한다.

교육기본법

초·중등교육법

초·중등교육법 시행령

연구학교에 관한 규칙

교육공무원법

교육공무원 임용령

교육공무원 승진규정

교육공무원 징계령

교육공무원 징계양정 등에 관한 규칙

교육공무원 인사위원회 규정

교육공무원 인사기록 및 인사사무 처리 규칙

개인정보 보호법

개인정보 보호법 시행령

개인정보 보호법 시행규칙

공공기관의 정보공개에 관한 법률

공공기관의 정보공개에 관한 법률 시행령

공공기관의 정보공개에 관한 법률 시행규칙

공공기록물 관리에 관한 법률

공공기록물 관리에 관한 법률 시행령

공공기록물 관리에 관한 법률 시행규칙

공무원보수규정

공무원수당 등에 관한 규정

공무원 여비 규정

교과용도서에 관한 규정

교원 등의 연수에 관한 규정

교원 등의 연수에 관한 규정 시행규칙

교원소청에 관한 규정

교원 예우에 관한 규정

교원의 노동조합 설립 및 운영 등에 관한 법률

교원의 노동조합 설립 및 운영 등에 관한 법률 시행령

교원의 노동조합 설립 및 운영 등에 관한 법률 시행규칙

교원지위향상을 위한 특별법

교원지위향상을위한교섭·협의에관한규정

교육관련기관의 정보공개에 관한 특례법

교육관련기관의 정보공개에 관한 특례법 시행령

대한민국국기법

대한민국국기법 시행령

민원 처리에 관한 법률

민원 처리에 관한 법률 시행령

민원 처리에 관한 법률 시행규칙

상훈법

상훈법 시행령

정부 표창 규정

저작권법

저작권법 시행령

저작권법 시행규칙

정보통신망 이용촉진 및 정보보호 등에 관한 법률

정보통신망 이용촉진 및 정보보호 등에 관한 법률 시행령

정보통신망 이용촉진 및 정보보호 등에 관한 법률 시행규칙

지방교육자치에 관한 법률

지방교육자치에 관한 법률 시행령

학교안전사고 예방 및 보상에 관한 법률

학교안전사고 예방 및 보상에 관한 법률 시행령

학교안전사고 예방 및 보상에 관한 법률 시행규칙

학교폭력예방 및 대책에 관한 법률

학교폭력예방 및 대책에 관한 법률 시행령

행정업무의 효율적 운영에 관한 규정

행정업무의 효율적 운영에 관한 규정 시행규칙

국경일에 관한 법률

관공서의 공휴일에 관한 규정

위에서 열거한 법이나 규정들만 안다고 모든 것이 해결되는 것은 아니다. 그리고 법률들이 수시로 제·개정되므로 법제처 홈페이지를 찾아 최신 법률 내용을 검색한 후 업무 추진에 활용하여야 한다. 늘 곁에 두고 참고해야 할 자치법규는 아래와 같다.

경상남도교육청 행정기구 설치 조례 시행교육규칙

경상남도교육청 행정기구 설치 조례

경상남도교육감 소속 공무원 공무국외여행 교육규칙

경상남도교육감 및 교육장 표창 조례

경상남도교육감 및 교육장 표창 조례 시행교육규칙

# 디지털에 익숙해지기

아날로그와 디지털 중 필자는 전자에 가깝다. 하지만 때로는 디지털에 익숙해져야 한다. 업무 능력은 제한된 시간 내에 얼마나 빨리 그리고 정확히 처리하는가로 판가름 난다.

디지털이라 했지만 필자가 말하는 디지털이란 거창한 것이 아니라 간단한 컴퓨터의 응용프로그램이나 소프트웨어 활용 정도로 이해해 주면 좋겠다. 수백 명의 상장을 인쇄하거나 몇 백 명을 심사해야 하는 경우 자신은 어떻게 일 처리를 하고 있는가?

메일머지(mail merge)가 뭔지 모르거나 각종 행사 후의 만족도 조사를 아직도 수동으로 처리하고 있다면 디지털에 익숙해질 필요가 있다. 한글, 엑셀, 파워포인트, 구글 문서 도구 등 우리가 흔히 쓰는 소프트웨어들도 기능을 잘 활용한다면 업무 효율을 높일 수 있다.

혼자 해결하기 어렵다면 사이버 연수원에 등록하여 '교직 업무에 꼭 필요한 ICT 활용 베스트 60'와 같은 강좌를 수강하는 방법도 있다.

또 PDF를 활용해야 하는 경우가 많은데 PDF 편집 프로그램을 활용하여 다양한 기능을 익혀 보자. 여러 개의 PDF 파일을 1개의 PDF 파일로, PDF에서 필요한 페이지만 추출해내거나 필요한 이미지를 추출해내는 것도 가능하고, 또 이미지를 PDF로 변환하거나 그 반대의 경우 등 다양한 기능을 활용할 수 있다. 어떤 직원은 학교에서 교육지원청으로 보내 준 파일이 PDF이니 JPEG로 변환해서 제출해 달라고 나름 정중하게 요청하는 경우를 접한 적도 있다고 한다. 포털사이트에서 PDF 편집 프로그램을 다운받아 활용해 보자.

또 업무관리시스템에서 메일 수신그룹, 공문 발신 그룹지정 등 업무관리시스템의 편리한 기능들 활용해 보자. 자신이 그룹으로 등록할 시간이 없다면 다른 사람이 그룹으로 등록해 놓은 것을 가져와 활용할 수도 있다. 예를 들어 관내 초등교감선생님 그룹이 있다고 가정할 때, 모든 직원이 개별적으로 그룹을 입력해 업무를 추진한다면 얼마나 비효율적인가? 자신이 먼저 등록한 후 남들에게 사용해 보라고 서비스를 해도 좋지 않을까?

다른 사람이 설정해 놓은 그룹을 가져오는 방법은 '업무관리시스템 개인설정 → 조직사용자수신그룹조회 → 수신그룹명에서 필요한 수신그룹을 찾아서 선택 → 수신그룹복사 → 반영' 후 사용하면 된다.

이때 수신그룹에 몇 명을 더 추가하거나 삭제할 경우 '해당 그룹

선택 → 반영취소 → 해당수신그룹 선택 → 조직도 또는 사용자 검색 후 추가할 사람 선택 → 추가하거나 삭제 → 저장' 후 반영하면 된다.

스마트폰의 간단한 기능이나 어플들도 잘 활용한다면 업무 추진의 효율을 배가시킬 수 있다. 스마트폰을 잘 활용하면 나의 부족함을 채워 주는 똑똑한 비서를 곁에 두는 것이다.

한글 단축키도 알아두면 문서 편집 시간을 절약하여 빠른 시간에 업무를 마무리할 수 있다.

▶ **커서 이동에 관한 단축키**

Ctrl Home: 화면 첫 줄로

Ctrl End: 화면 끝줄로

Ctrl PgUp: 문서 맨 처음으로

Ctrl PgDn: 문서 맨 끝으로

PgUp: 앞 화면으로

PgDn: 다음 화면으로

Alt PgUp: 앞쪽 처음으로

Alt PgDn: 다음 쪽 처음으로

Alt Home: 문단의 처음으로

Alt End: 문단의 끝으로

Home: 줄 첫머리로

End: 줄 끝으로

Ctrl ←: 앞 낱말 처음으로

Ctrl →: 다음 낱말 처음으로

Ctrl 5(키보드 우측): 낱말 끝으로

Ctrl Alt ←/→: 다단 이동

Alt ←/→/↑/↓: (셀 안에서) 셀 이동


▶ 화면 다루기 단축키

Alt ←/→/↑/↓: 화면을 사방 이동

ScrollLock: 좌우 이동 방지

Alt W: 다음 창으로 이동

Ctrl Tab: 다음 문서 창으로

Ctrl Shift Tab: 이전 문서 창으로

Alt Enter: 창을 최대/최소 크기로

Alt R: 화면을 깨끗이

Ctrl R: 문서 재정렬하기

Ctrl W M: 모두 아이콘으로

Ctrl W H: 모두 숨기기

Ctrl G P: 화면 확대 - 쪽맞춤

Ctrl G W: 화면 확대 - 폭맞춤

Ctrl G Q: 화면 확대 - 100%

Shift +/-: (NumLock키 해제 후)

화면 확대/축소

Ctrl G C: 조판 부호 보기/해제

Ctrl G T: 문단 부호 보기/해제

Ctrl G L: 쪽 윤곽 보기/해제

▶ **문서 다루기 단축키**

Alt N: 새 글

Ctrl Alt N: 문서 마당

Ctrl K E: 문서 마당 정보

Ctrl Alt C: 현재 창에 새글 만들기

Alt O: 불러오기

Ctrl O: 끼워 넣기

Alt F3: 최근 문서

Alt X: 끝내기

Alt F4: 문서 닫기

Ctrl F4: 문서 닫기(위와 동일)

Alt S: 저장하기

Alt V: 새이름으로 저장

Ctrl Q I: 문서 요약

Ctrl Q D: 문서 분량

Ctrl Q X: 빠른 찾기

Alt P: 인쇄

Ctrl P: 프린터 설정

▶ 편집에 관한 단축키

Enter: 줄 바꾸기

Insert: 삽입/수정 변환

Delete: (뒤) 한 글자 지우기

BackSpace: (앞) 한 글자 지우기

Ctrl BackSpace: 앞 낱말 지우기

Ctrl Delete(또는 T): 뒷 낱말 지우기

Ctrl E: (블록설정 후) 지우기

Ctrl Y: 한 줄 지우기

Alt Y: 이후 줄 지우기

Ctrl Z: 되살리기

Ctrl X: 오려두기

Shift Delete: 오려두기(위와 동일)

Ctrl C: 복사하기

Ctrl Insert: 복사하기(위와 동일)

Ctrl V: 붙이기

Shift Insert: 붙이기(위와 동일)

Ctrl B: 골라 붙이기

Ctrl D: 한 줄씩 오려 모으기

Ctrl F: 한 줄씩 복사해 모으기

Ctrl S: 임시기억장소 비우기

Ctrl Q F: 찾기

F2: 찾기(위와 동일)

Ctrl Q X: 빠른 찾기

Ctrl Q L: 거꾸로 찾기

Ctrl L: 다시 찾기

Ctrl Q A: 찾아 바꾸기

Ctrl F2: 찾아 바꾸기(위와 동일)

Alt G: 찾아가기

[쪽/줄/스타일/조판부호/책갈피]

Alt C: 모양 복사

Alt F9: (블록 설정 후) 한글로 바꾸기[한자/히라가나/가타카나/구결]

F9: 한자↔한글/한글↔한자

## ▶ 블록 설정에 관한 단축키

F3: 줄 블록 설정 준비

F4: 칸 블록(구역) 설정 준비

Shift ←/→/↑/↓: 원하는 만큼 블록 설정

Shift Home: 커서부터 줄 처음까지

Shift End: 커서부터 줄 끝까지

Shift PgUp: 한 화면(앞으로) 블록설정

Shift PgDn: 한 화면(뒤로) 블록설정

Shift Ctrl Home: 화면 맨 위까지

Shift Ctrl End: 화면 맨 아래까지

Shift Ctrl PgUp: 문서 맨 처음으로

Shift Ctrl PgDn: 문서 맨 끝까지

Shift Ctrl ←/→: 한 단어 왼쪽/오른쪽으로

Ctrl Alt A: 모두 선택(문서 전체 블록)


▶ **글자 모양에 관한 단축키**(블록 설정 후)

Alt L: 글자 모양

Shift Alt E/R: 글자 크게/작게

Shift Alt W/N: 자간 넓게/좁게

Shift Alt J/K: 장/평 조절

Shift Alt U: 밑줄

Shift Alt B: 진하게

Shift Alt I: 이탤릭

Shift Alt P: 위 첨자 지정/해제

Shift Alt S: 아래 첨자 지정/해제

Shift Alt C: 보통 모양(속성 해제)

Shift Alt F: 다음 글꼴로 바꾸기

Shift Alt G: 이전 글꼴로 바꾸기


▶ **문단 모양에 관한 단축키**

Alt T: 문단 모양

Shift Alt Z/A: 줄 간격 넓게/좁게

Shift Tab: 빠른 내어쓰기

Ctrl F5: 첫 줄 내어쓰기

Ctrl F6: 첫 줄 들여쓰기

Ctrl F7: 문단 폭 넓히기

Ctrl F8: 문단 폭 좁히기

Ctrl Alt F5: 왼쪽 여백 좁게

Ctrl Alt F6: 왼쪽 여백 넓게

Ctrl Alt F7: 오른쪽 여백 넓게

Ctrl Alt F8: 오른쪽 여백 좁게

Alt Spacebar: 고정폭 빈칸(4분각)

Ctrl Spacebar: 묶음 빈칸(2분각)


▶ 틀에 관한 단축키

Ctrl N K: 고치기

Ctrl N I: 그림 넣기

Ctrl N B: 글상자

Ctrl N L: 선

Ctrl+N Ctrl+M: 수식

Ctrl N C: 캡션 편집

Shift Esc: 틀/숨은 화면에서 나오기

▶ **표에 관한 단축키**

Ctrl N T: 표 만들기

S: 셀 나누기

M: 셀 합치기

Insert: 줄/칸 삽입

Delete: 줄/칸 지우기

Ctrl N A: 표 나누기

Ctrl N Z: 표 붙이기

Ctrl Enter: 표 한 줄 추가

Ctrl Shift S: 표 블록 합

Ctrl Shift P: 표 블록 곱

Ctrl Shift A: 표 블록 평균

Ctrl Shift H: 표 가로 합

Ctrl Shift V: 표 세로 합

Ctrl Shift K: 표 가로 곱

Ctrl Shift N: 표 세로 곱

Ctrl Shift J: 표 가로 평균

Ctrl Shift B: 표 세로 평균

Ctrl N F: 계산식 입력

Ctrl N U: 재계산

▶ **셀 편집에 관한 단축키**

F5: 셀 편집 상태

F5 C: 셀 모양

F5 L: 선 모양

F5 F5: 여러 셀 블록 설정

Shift F5: 위와 동일

F5 F7: 칸 전체 셀 블록 설정

F5 F8: 줄 전체 셀 블록 설정

Alt 화살표: (셀 블록 후) 이웃하는 셀과 함께 크기 조절

Shift 화살표: (셀 블록 후) 특정 셀만 크기 조절

Ctrl 화살표: (셀 블록 후) 셀 전체 크기 조절

Ctrl X: (셀 블록 후) 셀 오려두기

Ctrl C: (셀 블록 후) 셀 복사하기

Ctrl E: (셀 블록 후) 셀 지우기

Ctrl V: (셀 블록 후) 셀 붙이기

Ctrl B: 위와 동일

제3부

# 다르게

# 주전자 정신으로[10]

> 고맙습니다. 주/전/자/ 정신으로 살겠습니다.
>
> 축구선수 중 물도 떠 주고 장비도 챙겨 주며
> 주전 선수들을 서포트 하는 사람들을 일컬어 '주전자'라 합니다.
>
> 주전자 정신은
> 교육의 주인공인 학생과 학교를 잘 서포트 하고자 하는
> 제 의지의 표현입니다.

---

10) 2010년 9월 1일자 김해교육지원청으로 자리를 옮겼을 때 필자에게 축하와 격려를 보내 주신 분들께 드린 감사의 글.

아울러

김해교육 발전을 위해 '주'인의식을 갖고,

맡은 업무에 대해서는 '전'문성을 가지며,

김해교육지원청에 근무하는 것을 늘 '자'랑스럽게 여기겠습니다.


지금까지도 그러했지만 김해로 오면서도

너무나 많은 분들로부터

과분한 사랑과 배려를 받았습니다.


기대에 어긋나지 않게 생활하고

받은 情은 살아가며 꼭 갚겠습니다.


곧 추석입니다. 즐거운 추석 명절 보내시고

늘 건강하시고 행운이 함께하시길 소망합니다.


2010. 9. 10.

김해교육지원청 이병만 올림

# 전국 최초의 교육지원청영재교육원
# 입학설명회

2010년 9월 1일자 경상남도교육청에서 김해교육지원청으로 자리를 옮기고 영재교육원 관련 업무를 맡았다. 지금도 그러하지만 자녀를 특목고나 특성화고에 보내고 싶은 학부모들의 마음은 한결같았다. 날이갈수록 높아지는 영재교육에 대한 관심뿐만 아니라 다음 해부터 초등 통합반 영재교육대상자를 관찰·추천제로 선발할 계획이어서 학부모들의 관심과 궁금증은 더했다. 주로 묻는 내용은 영재교육원 입학을 위해 준비해야 할 내용, 제출 서류, 선발 방법 등 대동소이했다.

연일 이어지는 영재교육원 입학 관련 문의로 근무 시간 중에 다른 업무를 처리한다는 건 거의 불가능했다. 전화 벨소리에 필자는 물론이고 다른 직원들의 업무 방해도 심각했다. 이건 아니다 싶어 영재교육원 신입생 선발 요강을 조기에 수립하고 당시로서는 전국 최초로 교육지원청 영재교육원 입학 설명회를 열기로 마음먹었다.

당시 예산도 없었고 예년에는 하지 않았던 행사라 어려움도 많았
지만 과학실험원으로 근무하며 영재교육원 업무를 도와주었던 임
모 주무관과 합심하여 설명회를 열었다.

맞벌이 부모들의 참여를 돕고자 이틀간 저녁 시간을 이용해서
진행하였다. 결과는 대박이었다. 300여 명이 참석한 것은 물론 설
명회 이후 문의 전화는 뚝 끊겼다. 이후 우리 사무실로 걸려 오는
전화벨 소리가 적어 업무 효율을 꾀할 수 있었다.

# 자신이 맡은 업무에 대한 변화 혁신

'마누라와 자식만 빼고 모두 다 바꿔라!' 1993년 당시에 이 말은 한국은 물론 전 세계적으로도 센세이션을 일으켰던 이야기다. 이건희 회장은 그때 삼성전자 제품들이 LA 전시장에서 질 떨어지는 제품들로 낙인찍혀 귀퉁이에 놓여 있는 걸 보고 충격을 받아 이러한 신 경영 구상을 하게 되었다고 한다.

경영과 교육은 다르겠지만 작금의 시대에 교육을 바라보는 관점이나 태도는 마누라, 자식까지 바꾼다는 자세가 필요하지 않을까 생각한다. 큰 정책적인 변화나 개선은 중앙정부나 도교육청의 몫이겠지만 교육전문직으로서 자신이 맡은 업무에 대한 변화와 혁신은 담당자의 몫이다.

2011년 김해교육지원청 근무 시절의 이야기다. 청소년 지원 및 육성을 위한 김해시의 지원금으로 매년 초·중학생 영어 능력 경연대회가 운영되어 오고 있었다. 분야는 영어 말하기(Communication),

영어 글쓰기(Essay), 영어 노래 부르기(Singing) 등 3가지였다. 영어과 교육 과정 정상 운영을 통하여 영어에 대한 관심과 흥미를 고취시키고 영어사용 기회를 확대하여 학생들의 영어 의사소통 능력을 기르고자 하는 취지도 좋았다.

영어 교육 관련 업무를 맡아 대회를 준비하는 과정에서 여러 가지 문제점을 발견할 수 있었다. 전년도 참가 학생 지도교사, 관리위원, 심사위원 등으로 참가했던 교사들에게 개선 의견을 받아보니 영어 노래 부르기 종목에 대한 불만과 개선의 목소리가 많았다. 영어 능력과 관련된 대회라기보다 단지 가사만 영어일 뿐 중창대회에 가깝다는 의견, 영어 교사가 음악 교사의 지도나 도움을 받아야 하는 업무 과중, 영어 실력보다는 의상이나 율동 등 비본질적 요소에 의해 심사가 이뤄지는 등 문제가 한두 가지가 아니었다.

김해시청에 보조금 지원 신청을 전년도에 마친 터라 대회 운영 내용을 바꾼다는 게 간단치만은 않았다. 하지만 2011년 대회는 그동안 현장에서 불만이 많았던 영어 노래 부르기(Singing)를 폐지하고 경남 지역 교육지원청 최초로 영어 골든벨(Goldenbell) 대회를 신설·개최하였다. 골든벨 문항을 EBSe의 영자 신문을 활용함으로써 사교육비 경감을 통한 영어 교육의 새로운 지평을 열게 되었다. 또 김해가 아닌 타 지역의 교사들과 원어민 보조교사들을 심사위원으로 위촉하여 예년보다 공정한 심사를 위해 애썼고 반응은 기대 이상으로 성공적이었다.

# 사무실로 찾아가는 서비스

교육(지원)청 일은 혼자만의 결정으로 진행할 수 있는 경우도 있지만, 재정팀 등 다른 부서의 협조를 구해야 하는 일이 많다. 계약을 해야 하거나 예산이 수반되는 경우는 더욱 그러하다.

예를 들어 교직원행정업무 감축의 경우 교무행정원과 관련이 있으므로 교육공무직원 업무 담당 부서와의 협의는 필수다. 또 각종 단체와의 협약 문제가 있어 전국교직원노동조합, 공무원노동조합, 비정규직노동조합 등 노동조합 담당 부서와도 의논하여야 한다. 자료집계시스템, 교육통계 등의 활용 문제에 있어서는 정보 담당 부서와 의논하여야 하고 예산 문제 등 거의 모든 부서에 걸쳐 있다.

필자는 일을 시작하는 계획 단계에서는 유관 부서로 찾아가서 의논한다. 처음에는 '저 사람은 일이 없는가 보다'라는 오해를 산 적도 있다. 갑을 관계나 상하관계로 인식하는 사람들도 있었다. 당신이 뭔가 답답한 게 있으니 찾아왔겠지 하는 심리다.

특별한 일이 없이 다른 부서의 사무실을 방문하는 경우라면 몰라도 처음에 일을 하거나 특히 협조를 구해야 하는 일이라면 전화나 사무실 내 메신저보다는 직접 찾아가서 담당자를 만나보고 협조를 구하는 게 효율적으로 업무를 추진을 할 수 있는 방법이다. 속된 말로 한번 트고 나면 그다음은 일사천리로 진행된다.

필자가 계획 단계에서 유관 부서와 먼저 의논하는 습관을 가지게 된 데는 나름 사연이 있다. 정책연구 용역을 발주할 때였다. 내가 생각했던 흐름으로 일을 처리했더라면 두 번 세 번 했어야 했다. 일반직 담당자의 경험과 노하우를 전해 듣고 지름길을 찾은 경험이 있었기 때문이다.

# 리더십보다는 멤버십

　교육전문직도 리더다. 리더십보다 멤버십이 우선이다. 멤버십을 발휘하지 못하는 사람은 리더가 되어서도 곤란하고 절대 리더가 될 수 없다. 주인공 역할만 하는 게 아니라 엑스트라 역할도 할 수 있어야 한다. 주연보다 조연이 빛난 영화도 얼마나 많은가.

　교육(지원)청에 근무하다 보면 청내 메신저로 협조 요청이 잦다. 크게 봐서 두 가지 유형의 인물이 있다. 남의 일을 먼저 처리해 주고, 자신의 일은 나중에 하는 사람과 그 반대의 경우다. '자신이 요청한 경우라면 어떨까?'를 생각해 보면 답은 자명하다. 어느 것을 먼저 처리해야 하는지 정해진 것이 없으면 남의 일부터 처리해 주고 자신의 일을 처리하는 습관을 기르는 게 자신의 브랜드 가치를 높이는 길이라 생각한다.

　멤버십이 뛰어난 리더의 요건은 무엇일까? LG경제연구원 원지현

연구원이 말하는 신뢰받는 리더의 요건[11]은 아래와 같다.

1. 역량 강화가 우선되어야 한다.

2. 소통의 달인이 되어야 한다.

3. 구성원 개개인에게 관심을 갖고 배려해야 한다.

4. 모든 부하를 공정하게 대해야 한다.

5. 언행이 일치하는 모습을 보여 줘야 한다.

---

11) 원지현, 「Weekly 포커스—이런 리더가 신뢰받는다」, 2011. 06. 08(1148호)

# 되는 것은 친절하게!
# 안되는 것은 더 친절하게!

공무원으로서 교육전문직원은 어떻게 근무해야 할까? 국가공무원법 제7장에 규정된 의무사항으로는 성실, 복종, 친절, 공정, 종교 중립, 비밀 엄수, 청렴, 품위 유지 등 7가지를 제시한다. 7가지 모두 다 중요하다. 굳이 순서를 따지자면, 법률에 규정된 순서대로 중요하다면, 성실이 최고겠지만 개인적인 생각으로는 친절을 꼽고 싶다.

"되는 것은 친절하게! 안되는 것은 더 친절하게!"

전직 경남교육감 중 한 분이 직원들에게 즐겨 하신 말씀이다. 민원인을 접하거나 전화를 받다 보면 안타까운 일들이 많다. 이때 가능하거나 될 수 있는 것은 친절하게 안내 및 설명해 주고, 불가능하거나 안 되는 것은 더 친절하게 안내 및 설명해 주라는 얘기다. 맞는 말이다.

대부분의 민원은 하소연이다. 민원인의 얘기를 들어 주는 것만으로도 해결되는 경우가 많다. 실제로 해결이 되지는 못했지만 자기 얘기를 들어 준 것만으로도 만족한다며 전화를 끊는 일도 많았다.

하지만 공무원으로서 장학사는 친절하기만 하면 될까? 국가공무원법에 규정된 의무사항 7가지 외에 금지사항으로는 직장 이탈, 영리 업무 및 겸직, 정치 운동, 집단 행위 등 4가지이고, 제62조(외국 정부의 영예 등을 받을 경우)에 의하면 공무원이 외국 정부로부터 영예나 증여를 받을 경우에는 대통령의 허가를 받아야 한다.

2009년도 경남교육청 전화친절도 조사에서
친절공무원으로 선정되심을 축하드립니다.

귀하의 친절하고 성실한 대민응대 태도가
귀 소속 기관과 경남교육청의 친절 이미지를 제고하여
약소하지만 문화상품권으로 감사함을 대신합니다.

앞으로도 지속적인 친절과 따뜻한 배려로
고객 감동을 실천해 주시기를 부탁드립니다.

더 빠르게, 더 편리하게, 더 행복하게
고객과 함께하는 경남교육청이 되겠습니다.

감사합니다.

2009년 12월
경남교육청 민원담당사무관 김○○

# 질문하는 직원보다 답해주는 장학사

부서 직원들의 근무 상황을 파악하는 걸 생활화하길 권해 본다. "○○씨 오늘 어디 갔습니까?", "과장님 어디 가셨습니까?" 등 종종 직원들의 동태를 묻는 직원들이 있다. 이럴 때 "○○씨 ◇◇에 출장 갔습니다."라고 답하거나 다음 날 아침 출근길 인사말로 "어제 출장 잘 다녀오셨습니까?", "멀리까지 출장 다녀오신다고 수고 많으셨지요?"라고 인사말을 건넨다면 상대방의 기분은 어떨까? 사람의 마음인 인지상정人之常情일 게다. 출근하고 업무포털에 접속하고 일일근무 상황조회 습관을 생활화하면 어떨까?

식당이나 인쇄소 등 자주 이용하는 거래처의 전화번호를 묻는 사람이 있다. 또 다른 부서의 직원이 내방했을 때 저 사람 누구냐고 매번 묻는 사람이 있다. 누군가는 매번 답해 주는 사람도 있다.

질문하는 직원보다 답해 주는 장학사가 되어 보자. 어떻게 하면 묻지 않을 수 있을까? 근무지를 옮기거나 새로운 직원이 전입해 오면 직원들의 휴대폰 번호를 저장해 두자. 또 자주 찾게 되는 것들은 찾기 쉬운 곳에 메모해 둬야 할 것이다. SMS 문자서비스 아이디와 패스워드, 교육장, 국장, 과장 등 프로필 및 증명사진, 전화기 착신 전환법, 전화 돌리는 방법, 교육(지원)청 홈페이지의 아이디와 비번 등이 그것이다.

# 기획은 장학사의 얼굴

장학사는 업무를 기획하고 보고서나 계획서를 작성해야 하는 일이 잦다. 그만큼 기획으로 교육전문직의 능력과 이미지가 결정된다고 해도 과언이 아니다.

보고(계획)서는 한 사람이 가진 업무지식과 동원 가능한 정보, 통찰력 있는 분석, 상·하 동료 간 의사소통, 추진력 등의 결정체라 할 수 있다. 문장력과 편집 능력 등이 합쳐져 업무 능력으로까지 이어지기도 한다.

보고(계획)서 작성 시 유의 사항을 간략히 정리하면 다음과 같다. 첫째, 수요자가 정확히 파악할 수 있도록 쉽게 작성한다. 수요자가 내용을 쉽게 이해할 수 있도록 해당 분야의 전문용어 사용 등에 유의하고, 작성자의 이해관계 및 선입견을 배제하고 수요자의 판단에 도움이 되도록 작성한다. 수요자가 필요로 하는 적절한 시점에 보도되어 최대한으로 활용될 수 있도록 한다. 또 글꼴 및 글자 크기는 수요자를 배려한다.

둘째, 보고서가 그 자체로 완결성을 가질 수 있도록 작성한다. 추가적인 자료 및 추가 질문 사항이 발생하지 않도록 명확히 기술한다. 하나의 보고서 당 1개의 주제로 작성하는 것이 좋다. 시급성이 요구되는 경우에는 즉시(부분적으로) 보고 후, 추후 자세히 보고하도록 한다.

셋째, 표준화된 양식에 따라 간결·명료·효율적으로 작성한다. 내용과 구성이 산만하지 않도록 최대한 간결하게 작성한다. 시각적 효과를 위해 그림, 도표 등을 적극 활용한다. 보고서의 전체 형식, 흐름, 이미지를 한눈에 파악할 수 있도록 한다. 분량이 많은 기획안일 경우 요약문을 작성한다.

넷째, 서술 방식이다. 문장은 가급적 2줄 이내로 간결하게 작성하고 개조식으로 서술하기를 권장한다. 동일한 단어, 문구, 내용이 중복되지 않게 하며, 한 개의 문단에는 한 개의 초점(내용)만을 기술한다. 결론이나 대책, 주장 등은 과장되지 않도록 세심한 주의하고, 단순한 사실 나열보다는 의사 결정을 해야 할 중요 사항이나 쟁점 사항을 적시한다.

위에 언급한 것 외에 주의할 점은 기획안 작성 전 관련자 간 충분한 협의를 거치도록 해야 한다는 것이다. 특히, 예산이 수반되는 경우는 반드시 재정 담당과 협의토록 한다. 홈페이지에 게시할 문서는 저작권 위배 여부, 개인 정보 등을 철저히 확인하여야 한다.

필자가 생각하는 좋은 기획을 위한 5가지 'SMART 전략'을 소개

하면 다음과 같다. 첫 번째로 'Story' 전략이다. 자신만의 콘셉트나 스토리가 있어야 할 것이다. 가령 운동회를 개최했다는 것과 지역민과 함께하는 운동회를 개최했다는 것은 분명 다를 것이다. 다음으로 'Memo' 전략이다. 책, 신문 등을 살펴보며 수시로 메모하는 습관을 길러 자신의 업무 추진에 활용하여야 한다. 다음은 'Art' 전략이다. 보기 좋은 떡이 맛도 좋다. 아름다운 보고서는 보는 이도 결재하는 이도 좋아할 것이다. 다음은 'Re' 전략이다. 기존의 자료가 아무리 좋아도 재구성(reconstruction)하여야 한다. 또 행사가 있다면 반드시 리허설(Rehearsal)을 해 볼 것을 권한다. 마지막으로 'Time' 전략이다. 아무리 좋은 기획이라도 결재를 득하지 못하면 실행에 옮길 수 없다. 적절한 타이밍에 보고하고 또 수시로 중간보고를 올린다면 기획의 달인이 될 것이다. 결재권자의 성향 파악도 중요한데 업무관리시스템의 문서 등록대장에서 '이력관리(∨) 설정'이 되어 있는 문서를 살펴보고 결재권자의 성향을 알 수 있다. 결재권자가 좋아하거나 자주 수정하는 문구가 있다면 결재권자의 취향을 존중해 주자.

　일반적으로 많이 활용하는 기획안의 체제를 예시하면 다음과 같다.

| 순 | 단계 | 주요 내용 |
|---|---|---|
| 1 | 추진 배경 | - 업무의 근거가 되는 공문이나 계획안 표시<br>- 예: 초등교육과-123호(2014.3.27.), ○○교육계획 37쪽 |
| 2 | 목적 및 필요성 | - 사업의 목적과 필요성에 대한 개략적인 내용<br>- 줄글보다 개조식으로 작성 권장 |
| 3 | 추진 방침 | - 사업 추진 시 기본이 되는 방침이나 전략 |
| 4 | 세부 계획 | - 일시, 장소, 대상, 내용, 안전, 사전 수요조사<br>- 시간 계획, 업무 담당, 사전·당일·사후 업무<br>- 예산 사용 계획 및 타 기관 및 유관기관 협조 사항 |
| 5 | 기대되는 효과 | - 목적과 부합되는 효과 |
| 6 | 예상되는 문제점 | - 민원 발생 예측 및 대처 방안<br>- 여건 변화에 따른 대처 방안(기후, 차량 등) |
| 7 | 홍보 계획 | - 언론매체, 학부모, 지역민에 대한 홍보 계획 |
| 8 | 붙임 및 서식 | - 복잡한 문서 및 예산 관련은 계획안에서 개략적인<br>　것만 작성하고 구체적인 것은 붙임 문서로 활용<br>- 서식 작성 시 자료의 중복 및 취합 사항 고려 |

# 나만의 기획서 포맷을 갖자

공문을 받아 보면 날짜와 요일이 일치하지 않는 경우가 종종 있다. 결재를 득하는 과정에서 일정이 변경되어 발생하는 경우도 있지만 전 년도 파일을 불러내 수정하여 시행하다 생기는 오류가 대부분이다. 물론 바쁘다 보니 그렇겠지, 라고 이해는 하지만 교육전문직으로서의 정체성도 없어 보이고 실수로 이어질 수도 있으니 지난해 문서를 참고하되 글꼴이라도 바꾸라고 하고 싶다. 그렇게 한다면 새롭게 보일 것이다.

공문서를 작성할 시에는 행정업무의 효율적 운영에 관한 규정 시행규칙(행정자치부령 제1호, 일부 개정 2014. 11. 19.)에 규정한 공문서 작성의 일반원칙을 지켜 주어야 한다. 공문서의 내용을 둘 이상의 항목으로 구분할 필요가 있으면 그 항목을 순서대로 표시하되, 상위 항목부터 하위 항목까지 '1., 가., 1), 가), (1), (가), ①, ㉮'의 형태로 표시한다. 다만, 필요한 경우에는 '□, ○, -, ·' 등과 같은 특수한 기호로 표시할 수도 있다.

나만의 기획서 포맷을 가져 보자. 상사가 감동하는 보고서, 대통령 보고서 등의 책자를 참고하거나 도교육청 혹은 타 부서에서 오는 공문을 보고 마음에 드는 포맷이 있다면 샘플로 저장해 두고 활용하는 것도 좋다. 파일을 내려받아 수정하는 방법도 있겠지만 마음에 드는 아이콘, 틀, 목차 등을 모아 두었다가 필요할 때 꺼내 쓰기를 권해 본다. 기획의 내용은 물론 형식에도 자신만의 철학이 담겨야 하지 않을까

틀이나 아이콘을 이용하거나 특수한 기호를 표시할 경우에도 항목의 위계는 지켜야 한다. 같은 항목에서는 사용하는 틀이나 아이콘의 크기를 통일해 주어야 한다.

# 정보를 고급스럽게 제공하는 방법

지인이나 지인과 관련된 사람을 통해 각종 시험이나 평가 결과를 미리 알려달라고 요청받는 경우가 종종 있다. 이런 경우 사실대로 말하기도 그렇고 여러 가지로 곤란한 경우가 생긴다. 의뢰인과 관계와 업무담당자로서의 비밀 유지 사이에 갈등을 겪게 된다. 인사, 시험, 평가 등과 관련된 경우는 정식 발표 전까지 기다려 달라고 하는 것이 상책이다. 누군가 묻더라도 담당자에게 물어보지 않는 것이 서로에 대한 도리다. 공식 발표 전에 누가 합격했다더라 등 소문이 날 경우 또 다른 민원의 시발점이 될 수 있기 때문이다.

정말 어려운 관계라면 하루 전날 밤이나 발표 당일 아침에 알려주는 것은 어떨까? 정보란 1초라도 먼저 아는 것이 정보로서의 가치가 있지 남들이 다 알고 있는 것은 정보로서 가치가 없기 때문이다.

# 창원교육 브랜드 슬로건 우수상 수상

교육전문직원은 자신이 맡은 업무, 부서 내 상황은 물론 교육 정책에도 늘 관심을 가져야 한다. 교육 문제는 특히 그 구성원들이 함께 참여할 때 더 발전할 수 있다. 창원교육지원청에서 브랜드 슬로건을 공모한다는 공문을 보았다. 평소 생각을 담아 제출했었는데 그 결과는 기대 이상이었다. 경상남도교육청에서 시행하는 브랜드슬로건 공모에도 응모하였으나 탈락해 아쉬웠다. 교육(지원)청에서 공모하는 사업에 주도적으로 참여하며 교육의 변화와 개선에 기여하는 장학사들이 많을 때 교육발전을 앞당길 수 있을 것이다.

## ○ 1차 심사

- 심사방식: 전 직원 1인 1투표 방식으로 출품작 중 20% 우수작품 선정
- 심사기간: 2015. 11. 4.(수) ~ 11. 5.(목)
- 심사결과: 167명 심사 참여 5개 작품 선정(출장 및 연가자 제외)

## ○ 2차 심사

- 심사방식: 심사채점표에 의한 심사위원 점수 합산, 고득점자 선정
- 포상기준

| 구 분 | 인 원 | 점수 기준 |
|--------|--------|-----------|
| 최우수상 | 1명 | 점수 합산 후 산술평균 점수가 90점 이상일 경우 |
| 우수상 | 1명 | 점수 합산 후 산술평균 점수가 80점 이상일 경우 |
| 장려상 | 2명 | 점수 합산 후 산술평균 점수가 60점 이상일 경우 |

- 심사위원: 교육장, 국장(2명), 과장(9명)
- 심사결과

| 수상구분 | 수상자 소속 | 직급 | 성명 | 수상작품 |
|----------|-------------|------|------|----------|
| 우수상 | 창원교육지원청 | 장학사 | 이병만 | |
| 장려상 | ○○초등학교 | 영양교사 | 안○○ | |
| 장려상 | ○○초등학교 | 교사 | 박○○ | |

※ 심사결과 출품작 중 최우수 작품에 적합한 작품은 없는 것으로 결정

# 세상이 어떻게 돌아가고 있는지
## 알고 살자

매일 보도자료를 확인하며 시대와 사회 흐름을 파악하자. 시대 정신을 읽어야지 제때제때 적절히 대응하지 않겠는가? 연일 뉴스에 오르내리는 문제라면 꼭 자신이 근무하는 지역의 문제가 아니라도 자신의 일처럼 관심을 갖고 해결방안도 모색해 보는 습관을 길러야 한다.

직접 뉴스를 검색하여도 좋지만 메일 배달 서비스를 이용하면 발품을 팔지 않아도 좋아 시간과 노력을 절약할 수 있다. 구글알리미에 관심 분야를 설정하면 스마트폰에 등록된 메일(안드로이드폰의 경우 Gmail)로 뉴스가 배달되어 온다.

본청이나 교육지원청 직원과 통화하거나 모임이 있을 때 뉴스에서 접한 얘기를 소재로 대화를 나눠 보자. 대화는 자연스러워지고 상대와의 관계를 호의적으로 끌고 갈 수 있다. 아무리 바빠도 신문은 꼭 챙겨 보자. 제목만이라도 훑어보고 교육 관련 문제는 잠시라도 멈추고 읽어 보라. 화장실 갈 시간도 없다지만 식사 후 허리 펼 때 시간은 스스로 만드는 것이다.

세상 문제에 대한 관심이 자신의 역량을 키우고 교육을 발전시키는 지름길이다. 연일 뉴스에 오르내리는 문제라면 교육전문직원 선발 문제에 출제될 가능성도 높아진다.

# 사회자가 행사의 분위기를 좌우한다

행사를 기획함에 있어 철저한 준비가 있어야 함은 마땅하다. 하지만 바쁜 일들을 처리하다 보면 준비 과정에 전력을 다하기 어려운 경우도 있다. 이렇게 준비 과정이 엉성해도 강사가 강의를 잘해 주면 됐다고 생각하기 쉽다. 그러면 만족해야 할까?

사회를 봐야 할 때 행사 내용과 분위기에 따라 적절한 무게감과 화기애애함을 연출하는 것은 장학사의 몫이다. 지역교육업무협의회, 행정사무감사와 같은 자리에서 농담을 건넨다면 분위기 파악 못 하는 사람으로 낙인찍히게 될 것이다.

'칭찬은 고래도 춤추게 한다'라는 말이 있다. 행사 시에 사회를 보는 경우가 자주 있는데 인사 말씀이나 강의가 끝난 후 "좋은 말씀해 주신 누구누구께 큰 박수 부탁드립니다." 처럼 틀에 박힌 인사말은 감동도 의미도 없다.

칭찬은 강화다. 인사 말씀의 경우 인사 말씀 내용을 압축하여 말하면서 "한 번 더 좋은 말씀 해 주신 누구누구님께 큰 박수를 부탁드린다."며 칭찬하는 말을 할 수가 있다. 강사의 경우 강의 내용을 간단히 요약 정리하며 마지막으로 한 번 더 격려의 박수를 부탁하는 것이 일반적이다.

팩트에 근거한 칭찬을 한다면 좋을 것이다. 장학사로서 마지막 행사를 교육감 님을 모시고 학부모 대학 연수를 진행한 적이 있었다. 교육감의 인사 말씀 후 '다시 한 번 큰 박수 부탁드립니다'라는 말 대신에 며칠 전 신문에서 보았던 기사를 떠올리며 "자랑스러운 경남대인 상을 받으셨고, 상금으로 받은 1,000만 원을 경남미래교육재단에 기부해 주셨다."는 말을 하면서 칭찬의 박수를 유도한 바 있다. 교육감 님께서는 미소를 지으시며 연수장을 떠나셨다.

信念

제4부

바르게

# 지역에 동화되어라

교육지원청에 근무하다 보면 본청에서는 느낄 수 없는 즐거움도 있다. 김해교육지원청에 근무할 때의 일이다. 구내식당이 없어서 점심시간이면 오늘은 어디로 갈까, 맛집 기행을 하는 재미도 쏠쏠했다. 식사당번을 맡은 장학사에게 점심 식사 해결은 업무의 한 꼭지가 된다. 승용차에 나눠 타고 맛난 점심을 해결하고 돌아오는 길에는 운동 삼아 걸어서 사무실로 돌아온다.

어느 날 수로왕릉 인근에서 곱창전골을 먹고 오자는 제안이 있었고 걸어서 이동하자는 누군가의 제안이 있었다. 그런데 김해교육지원청에 2~3년 근무한 분 중에 수로왕릉에 한 번도 가 본 적이 없는 직원도 있었다. '아! 교육지원청에 근무하는 사람이 수로왕릉도 몰라서야 되겠는가' 싶었다. 직접 교육하는 사람은 물론 교육을 지원하는 위치에 있는 사람들도 자신이 근무하는 지역의 문화와 역사에 대한 이해는 기본이 아닐까?

2010년 9월 1일자로 김해교육지원청으로 발령을 받고 김해라는 곳에 대해 생각해 보았다. 김해는 필자의 자택인 창원 인근에 있는 도시였기에 들러 본 적이야 있었지만, 김해에서 1박을 해 본 적도 없고 김해에 대해 제대로 아는 것도 별로 없었다. 그래서 김해에 대해 제대로 알고자, 또 김해 사람들과 친해지고자 노력했다. 발령 후 두 달 동안 주 중에는 선·후배들을 만났고, 주말에는 김해지역의 문화유적지를 둘러보고 지도에 나와 있는 산을 올랐다.

  김해에서 가장 대표적인 유적지인 수로왕릉을 가장 먼저 찾아 인사를 올렸다. 수로왕은 서기 42년 가락국의 시조로 왕위에 올라, 서기 48년 인도의 야유타국 공주 허황옥을 왕비로 맞았으며, 김해 김씨의 시조이다. 수로왕의 신위를 모신 숭선전에서 김해 근무하는 동안 잘 도와달라는 소망을 담아 기도를 올렸다.

  필자의 취미가 등산이라 김해의 산을 오르며 주변의 문화유적지와 학교 위치를 머릿속에 익혔다. 신어산, 굴암산, 용제봉 등 널리 알려진 산 외에도 임호산, 경운산, 무척산, 작약산, 백두산 등 인터넷 검색으로 등산 지도를 구할 수 있는 산은 다 올랐다. 지역민이나 고향이 김해인 선생님들과 대화를 할 때 이런 경험들을 얘기하니 훨씬 빨리 동화될 수 있었다. 모임에서 얘기를 하다 보면 김해가 고향이거나 첫 발령지 이후 김해에서만 근무한 선생님들보다도 김해에 대해서 자기들보다 더 잘 안다며 나더러 김해가 고향이냐 아니면 그 비결이 뭐냐고 묻는 이들도 있었다.

  교사는 대부분이 원하는 대로 발령을 받지만 장학사가 되면 뜻대로 발령받을 수만은 없다. 때로는 난생처음 땅을 밟는 곳으로도 가야 하는 경우가 있다. 내가 왜 이런 곳으로 발령받았을까 원망하기보다 지역의 문화 유적지도 찾아보고 이름난 산도 오르며 근무하는 지역에 빨리 동화되어라 전하고 싶다.

# 피드백에 익숙하라

교수·학습이론에서 학습자의 학습 행동에 대하여 교사가 적절한 반응을 보이는 피드백은 아주 중요하다. 성취감을 맛볼 수 있게 해 줄 뿐만 아니라 때로는 자아 존중감도 높여 줄 것이다. 장학사의 업무나 인간관계에서도 피드백은 중요하다. 특정 행동과 연계하여 즐겁고 긍정적인 결과를 제공함으로써 그 행동을 반복토록 유도하는 긍정적 강화를 심어 준다면 자신의 브랜드 이미지도 제고시킬 수 있을 것이다.

필자가 생각하는 장학사의 피드백은 그리 거창한 것은 아니다. 작고 사소한 일에 반응을 보이는 정도랄까? 공문서 처리뿐만 아니라 업무를 추진하다 보면 해당 학교 관계자로부터 업무관리시스템 메일이나 상용 메일로 자료를 받아야 하는 경우가 있다. 아주 부득이한 경우를 제외하고는 메일을 수신하면 꼭 답장을 해 드리는 것이다. 길게 쓸 필요까지는 없다. 감사히 잘 받았으니 늘 건강하시라 등등 수신을 했노라는 사인 정도만 보내면 족하다.

한번은 어느 선생님께 답장을 보내드렸더니 공문을 늦게 보내 장학사님한테 미안했었는데 답장까지 받아 본 건 처음이라는 메일을 받은 적이 있다. 이런 선생님들께 메일로라도 적절한 피드백을 한다면 장학사가 권위적이라는 일반인들의 편견도 불식시킬 수 있을 것이다.

장학사를 하다 보면 각급 학교에서 교지, 학교 신문, 학교 소식지 등을 우편으로 보내 주는 경우가 있다. 편집주간이나 담당 선생님이 누구인지 알아보고 자료를 보내 준 학교의 교장 선생님, 교감 선생님, 혹은 담당 선생님께 우편물로 보내 준 것을 잘 받았노라고 전화, 이메일, 문자 등으로 인사를 드려 보자. 자신을 낮추고 먼저 다가가는 것이 존중받는 지름길일 것이다.

# 감사 지원 제대로 하자

감사관실에서 주관하는 정기종합감사 계획에 따라 전문 인력으로 감사 지원을 가는 경우도 있다. 본청에 근무하는 장학사는 단위학교에 감사를 나가는 경우도 있지만 주로 교육지원청이나 직속기관 감사를 지원하고, 교육지원청에 근무하는 장학사들은 단위학교 감사를 지원한다.

종합감사는 대부분 3일간 진행된다. 때로는 시작하는 날에 갔다가 바쁜 일들로 3일 내내 감사지원 업무를 제대로 수행하지 못하는 경우가 있다. 이것은 분명 잘못이고 어쩌면 직무유기다. 감사 지원을 갔으면 제대로 임무를 수행하고 와야 한다.

'감사'라고 하면 누구나 좋고 긍정적인 의미로 다가오지는 않지만 순기능을 극대화하는 방향으로 이끌 수도 있다. 감사의 기능으로는 부정 등에 관한 저지시스템 확보 기능, 비판적 기능, 지도적 기능, 환류 기능 등이 있다. 장학사의 입장에서는 뒤의 두 가지 기능에 초점을 두는 것이 맞다고 생각한다.

감사 지원을 가게 될 경우 감사할 분야에 대한 전문성을 갖추어야 함은 물론이고 감사사례집도 살펴보고 가야 한다. 장학사의 경우 주로 학사 분야를 담당하게 되는데 학교생활기록부 기재요령, 교육 과정 편성·운영 지침, 각종 업무 지침이나 매뉴얼 등을 숙지하여 나가야 한다. 법, 규정, 지침은 만고불변하는 것이 아니며 수시로 제·개정 되므로 예전의 규정을 적용하여 적발하는 우를 범해서는 안 될 일이다.

또한 도교육청의 청렴 관련 정책이나 역점 사업들에 대해서도 충분히 숙지하여 감사에 임함으로써 교육 정책의 현장 착근도를 높이는 방향으로 감사의 관점을 재정립할 필요가 있다.

도교육청에 근무하는 장학사라면 자신이 맡은 업무나 정책이 학교 현장에서 제대로 정착되지 못하는 경험을 한 적이 있을 것이다. 이럴 때는 감사관실의 도움을 받으면 된다. 도교육청 감사관실에서는 매년 정기감사 계획을 수립하기 전에 당해 연도 감사 착안 사항을 실무부서로부터 받는다. 이때 자신의 업무나 정책에 대한 착안 사항을 제출하며 감사 시에 확인해 줄 것을 요청하면 될 것이다. 한 가지 주의할 점은 정책감사는 적발보다는 컨설팅 위주로 진행하면 좋겠다.

감사를 하며 문제가 있거나 지도의 필요성이 있는 경우는 문답서나 확인서를 받거나 현지 지도 등의 활동을 한다. 문답서나 확인서를 받을 경우 행정적 처분이 뒤따라야 한다. 공금횡령 등 악의적이고 의도적 위법 행위가 드러난다면 엄중히 문책하여야 할 것이다. 그렇지 않고 단순 과실이라면 감사반장님과 의논하여 적절히 개선될 수 있도록 현지지도로 조치함으로써 교원들을 보호해야 한다. 사소한 일로 승진 시 불이익을 받아 평생의 원수로 남지 않도록 교원의 보호막 역할을 해야 할 것이다. 다시 말하지만, 감사는 적발이 목적은 아니므로 친절히 컨설팅을 해 주도록 한다.

감사가 종료된 이후에는 「공공감사에 관한 법률」 제23조의 규정에 따라 변상명령, 징계·문책요구, 시정요구, 주의요구, 개선요구, 권고, 통보, 고발의 8개로 구분되는 처분요구를 하게 된다. 적발이나 처분이 능사는 아니므로 앞서 언급한 바와 같이 단순과실이라면 현지지도로 마무리하는 것이 좋겠다.

# 적절한 건배사로 분위기를 돋우어 보자

장학사로 업무를 수행하다 보면 술자리도 자주 접하게 된다. 자연스레 건배사를 해야 하는 경우가 있는데 때론 건배사 때문에 곤란을 겪는 경우도 있다. 성과 관련되거나 상대방 비하, 정치나 종교 편향의 건배사는 하지 않는 게 구설수에 오르지 않는 비결이다.

긍정의 메시지, 희망의 메시지를 주는 건배사는 분위기를 더욱 멋지게 만드는 활력소다. 어차피 건배사를 해야 하는 경우라면 일반적인 건배사도 좋겠지만 재미있고 자신을 돋보이게 하는 건배사를 활용해 보면 어떨까 싶다. 건배사 어플리케이션을 활용하는 방법도 있겠다. 아래 건배사들은 필자가 장학사로 근무하며 들어 보았거나 말해 본 건배사들이다.

**나가자:** 나도 좋고

　　　　가도('그 사람도'의 경상도식 표현) 좋고

　　　　자도('저 사람도'의 경상도식 표현) 좋고

**마당발:** 마주 앉은

　　　　당신의

　　　　발전을 위하여

**아싸:** 아끼고

　　　　사랑하자

**웃기네:** 웃음과

　　　　기쁨을

　　　　네 배로

**원더풀:** 원하는 것보다

　　　　더 잘

　　　　풀리기를

**나그네:** 나 그대들을 사랑합니다

　　　　그대들도 나를 사랑합니까?

　　　　네!

**어머니:** 어딜 가나

　　　　머라 해도

　　　　니가 최고다

**내 힘들다! 다들 힘내!**

**이 멤버**(member) **리멤버**(remember)

# 공무원은 공문으로 승부한다

공문서를 보내 놓고 문의 전화가 온다면 이유 여하를 불문하고 기안이 잘못되었거나 문제가 있다고 봐야 한다. 앞서 2부 중 '멋대로와 제대로'에서 언급했듯 일 처리는 물론 공문서 처리는 특히 '제대로'의 영역에 가깝다. 관행과 상식만으로 처리해서는 안 되는 것이 공문서 처리다.

공문서 작성을 제대로 하고 싶다면 아래의 규정이나 책자는 꼭 읽어 보자. 알고 행하는 것과 모르고 행하는 것은 다르지 않겠는가! 1991년에 제정된 사무관리규정이 2011년에 행정업무의 효율적 운영에 관한 규정으로 전부 개정되었다.

- 행정업무의 효율적 운영에 관한 규정(대통령령)
- 행정업무의 효율적 운영에 관한 규정 시행규칙(행정자치부령)
- 한눈에 알아보는 공문서 바로 쓰기(국립국어원, 2009년 12월)
- 행정업무운영 편람(행정안전부, 2012년 3월)

공문서의 형식을 규정에 근거하여 제대로 갖추어 시행하여야 함은 물론 내용의 정확성이나 충실성은 두말할 나위가 없다. 발송 전에 주변 직원에게 보여 주며 한번 읽어봐 달라고 한다면 에러를 줄일 수 있다. 계획은 현장에 있는 몇몇 지인들에게 사전에 메일을 보내 이렇게 시행해도 특별한 문제가 없겠는지 검토를 부탁하는 것도 실수를 줄이고 완성도를 높이는 하나의 방법이다.

내용을 입력하다 보면 시행문이 2쪽 이상으로 생산되는 경우도 있다. 한 장짜리 시행문이면 좋겠지만 불가피한 경우 2쪽으로라도 제대로 전달만 된다면 무방할 것이다. 그러나 첫 쪽의 문구를 조정하거나 줄 간격이나 자간 조정 등으로 충분히 1쪽으로 작성이 가능한 경우에도 2쪽으로 작성했다면 한번 생각해 볼 문제다. 1쪽에 충분한 공간이 있음에도 불구하고 결문만 2쪽으로 넘어가 있는 문서를 접할 때면 기안자의 이름을 찾아보게 된다.

현재 경상남도교육청 관내에는 유치원을 포함하여 1,655개의 학교가 있다. 1개교(원)에서 한 사람만 출력을 한다고 해도 1,655장의 종이가 낭비되는 셈이다.

보통의 A4용지 1묶음이 500매이고 1상자는 5묶음이니 자신이 보낸 공문을 1개교(원)에서 두 명만 출력해도 순간 1상자 이상의 복사용지가 낭비되는 셈이다.

필자가 대단한 애국자는 아니지만 한 번쯤은 생각해 볼 문제다. 에너지 절약이 따로 있겠는가! 에너지 절약의 비법은 가까운 데 있다. 에너지 절약을 떠나 공문서를 읽는 사람도 불편하다.

경우에 따라서는 자신이 발의하지 않았지만 기안도 해야 하고 책임을 져야 하는 경우도 있다. 조직이 안정적으로 운영되는 시기에는 이런 일들이 거의 없지만, 특히 정권 교체기엔 편법 부당한 것은 아닐지라도 외부인사나 교육감직인수위원회 등의 요구 사항을 반영해야 하는 경우도 있다. 이런 경우 언론사에서 문의 전화가 온다면 자신은 모른다 할 것인가? 아니다. 처음부터 끝까지 책임지고 답변하고 때로는 인터뷰에도 응해야 한다.

감사 등 책임 소재를 분명히 밝혀야 할 문제라면 기안 시에 '발의자 표시(★)'를 해 두는 게 좋다. 업무관리시스템에서 결재 경로 지정 시 발의자에 체크 표시를 하면 결재직위명 왼쪽에 '발의자 표시(★)'가 나타난다.

# 수신처 지정이 잘못되어 온 공문서 처리

학교에서 교육(지원)청으로 오는 공문서를 보면 도교육청으로 보내야 할 것을 교육지원청으로 보냈거나 그 반대의 경우를 종종 접하게 된다. 이럴 땐 어떻게 처리해야 할까? 대부분의 직원들은 공문을 보낸 학교로 전화를 걸어 자신의 소관이 아니고 귀 기관(학교)에서 잘못 보냈으니 소관 기관으로 다시 보낼 것을 친절히 안내해 준다. 이런 장면을 목격하는 것은 어렵지 않다. 이렇게 처리하는 것이 과연 옳은 것일까?

행정업무의 효율적 운영에 관한 규정 시행규칙([시행 2014.11.19.] [행정자치부령 제1호, 2014.11.19., 타법개정]) 제16조(문서의 반송 및 재배부 등) ②항에 따르면 "행정기관의 장은 접수한 문서가 다른 행정기관의 소관 사항인 경우에는 그 문서를 지체 없이 소관 행정기관의 장에게 이송하여야 한다."라고 규정하고 있다. 결론은 학교에서 도교육청으로 보내야 할 것을 교육지원청으로 잘못 보냈다 할지라도 문서를 접수한 사람이 도교육청으로 이송하여야 한다는 것이다. 업무관리시스템에서도 이송 기능이 있으니 위와 같은 경우에 활용하여야 한다.

몇 년 전 어느 교육지원청에서 관내 초등학교에만 발송해야 할 공문서를 본청을 포함한 경남도내 전 초, 중, 고등학교로 발송하여 자신의 이름을 널리 알린 웃지 못할 사례도 있었다. 공문서뿐만이 아니다. 자신이 규정을 제대로 알지도 못하면서 학교에 엉터리 요구를 하고 있지는 않았는지 만일 그러하다면 맹성猛省해 볼 일이다.

# 학교를 방문할 때

　컨설팅장학, 지도점검 등 학교를 방문해야 할 일이 잦다. 방문 전에 해당 학교 홈페이지나 신문기사 검색 등을 통해 특색교육활동이나 칭찬 거리를 찾아보자. 학교 이설, 학구, 고질적 민원 등 해당 학교가 겪고 있는 현안에 대해서도 알고 가면 좋다. 그러면 대화의 소재로 적절히 활용할 수 있다. 교장, 교감, 행정실장 등 교직원의 현황을 파악하고 가는 것도 좋다.

　특히 교육장님이나 국장님 등 상관을 수행할 경우 교직원 명부와 교육 수첩은 항상 소지하고 다니는 게 좋다. "○○장학사, □□학교가 몇 학급이지?" 또는 "교장 선생님은 어느 분이시지?" 등등 학교에 대한 기본 정보를 물으시는 경우가 잦다. 이럴 때 "모르겠는데에." 하는 사람과 "네, △△학급이고 ◇◇교장 선생님입니다." 등 자신 있고 명쾌하게 대답하는 장학사가 있다면 누구를 더 인정해 주겠는가? 물론 명찰을 패용하고 수첩을 소지하는 것은 기본이다.

공공감사에 관한 법률 시행령(대통령령 제26241호 일부 개정 2015. 05. 18.) 제12조 (감사 대상 기관 등에 대한 감사 계획의 통보)에 의하면 '감사 예정일 7일 전까지 감사 계획의 주요 내용(1. 감사 사항, 2. 감사의 목적 및 필요성, 3. 감사의 종류와 감사 대상 기관 또는 대상 부서, 4. 감사의 범위, 5. 감사 실시 기간과 인원, 6. 그 밖에 감사에 필요한 사항)을 자체감사 대상 기관의 장에게 통보하여야 한다.'라고 규정하고 있다.

감사는 아니더라도 학교를 방문한다면 이처럼 방문 목적, 일시, 방문자 수, 소요 시간, 준비 사항 등을 사전에 알려줘야 한다. 물론, 신속히 방문하여야 할 긴급한 사정이 있거나 부득이한 경우에는 그러하지 않아도 무방하다. 학교를 배려하는 것은 사소한 것에서부터 시작된다.

# 학교 관계자와 통화할 때

장학사는 주로 학교의 교감 선생님과 통화를 하게 된다. 교감 선생님들께 전화를 드리면 대부분은 약간 놀라시며 첫마디가 "공문 안 들어 온 게 있습니까?" 하신다. 그만큼 교육(지원)청에서 공문서를 독촉하는 전화를 많이 하는 모양이다. 이런 얘기를 들으면 씁쓸하기 그지없다.

교감 선생님은 물론 학교 관계자와 통화를 할 때는 본론부터 들어가기보다는 마음을 열어 놓고 통화할 수 있는 분위기 조성부터 하자.

자신이 해당 학교에 대해 잘 모른다면 해당 학교의 홈페이지를 열어 놓고 통화하면 좋다. 홈페이지를 보면서 학교 소식이나 보도 자료 소식을 얘기하며 "며칠 전 어떠어떠한 소식 잘 봤습니다. 무엇무엇 하시느라 수고 많으셨지요?" 등을 말한다면 상대방의 기분은 어떨까?

라포 형성은 어디에서든 중요하다. 인사 발표가 나면 전·출입하게 되는 교감 선생님들께 연락드리자. 시간이 없다면 업무 메일로라도 인사를 드리며 승진과 영전을 축하해 주고, 혹시나 자신과같이 근무했거나 지인이 있을 경우 그분의 안부도 함께 물어 주자. 평소에 잘해야 하는 것이 공부, 아부, 안부, 기부라 하지 않았던가!

# 출장을 가야 할 때

장학사는 학교 방문 등 출장을 자주 가게 된다. 국립국어원 표준국어대사전에서 출장이란 '용무를 위하여 임시로 다른 곳으로 나감'으로 규정되어 있다. 여기에서 용무는 사적이 아닌 공적 용무를 뜻한다. 사적 용무라면 연가, 병가, 조퇴 등을 활용해야 할 것이다.

출장을 가서는 어떻게 해야 할까? 정답은 대충 대충이 아니라 최선을 다해 전력 질주해야 한다. 국가공무원 복무규정(대통령령 제26581호 일부 개정 2015. 10. 06.) 제6조 (출장공무원) 1항에 의하면, 상사의 명을 받아 출장하는 공무원은 해당 공무 수행을 위하여 전력을 다하여야 하며, 사적인 일을 위하여 시간을 소비해서는 아니 된다.

2항에 의하면 출장공무원은 지정된 출장기일 안에 그 업무를 완수하지 못할 사유가 발생하였을 때, 전화, 전보 또는 그 밖의 방법으로 소속 기관의 장에게 보고하고 그 지시를 받아야 한다.

3항에 의하면 출장공무원은 그 출장 용무를 마치고 사무실로 돌아왔을 때에 지체 없이 소속 기관의 장에게 결과 보고서를 제출하여야 한다. 다만, 경미한 사항에 대한 결과 보고는 말로 할 수 있다.

국가공무원 복무규정대로라면 전력을 다해 공무수행을 하고 복명도 문서로 하여야 한다. 구두 복명이야 당연히 실천하고 있겠지만 문서 복명이 원칙이라는 것은 잘 모르는 이들도 많다.

출장을 가기 전에 어떻게 해야 할까? 상급자에게 '다녀오겠습니다.' 하고 떠나면 그만일까? 필자만의 생각일 수 있으나 동료에게도 목적과 행선지를 말하고, 출장 후 귀청 여부 등을 밝히며, 자신의 사무실 전화는 본인 휴대폰으로 착신 전환을 해 놓고 떠나야 한다.

교육청으로 오는 전화의 특성상 다른 직원이 대신 받더라도 해결이 안 되는 경우가 허다하다. 자신이야 출장 떠나면 그만이겠지만 전화를 대신 받아야 하는 직원들의 고충도 헤아려 주자.

전화기 착신 전환법은 기관마다 다를 수 있으나 일반적으로 '9번 누른 후 → 자신의 휴대폰 번호 → #을 누르면 착신 전환'이 된다. 또는 '601번 누른 후 → 9번 누르고 → 자신의 휴대폰 번호 누르고 → #을 누르면 착신 전환'이 된다.

내가 하는 일이나 행선지를 알려야 한다. 자신이 사무실을 비우게 될 때 전화기를 착신 전환해야 함은 앞서 언급한 바 있다. 장학사 직무를 수행하다 보면 타 시·도나 국외, 교육전문직 전형 출제 등 장기 출장을 가야 할 때가 있다. 이럴 때는 상급기관이나 업무 유관부서에는 보안에 문제가 없는 범위 내에서 출장 기간, 장소,

사유 등을 밝히고 부재중 급한 용무가 있을 시 연락처, 대리업무자 등을 알려 주어야 한다. 사무실 내 메신저나 카카오톡 상태메시지에 메모를 해 두어 다른 사람이 알게 하는 것도 하나의 방법이다.

# 외부 행사 시 상급자를 수행할 때

상급자 수행은 한마디로 의전이다. 공무원 사회에서 우스갯소리로 "업무에 실패한 공무원은 용서할 수 있어도 의전에 실패한 공무원은 용서할 수 없다."는 말이 있다.

전임자나 상급자의 말을 듣거나 관례에 따르는 것도 좋지만 한번쯤은 '정부의전편람'을 구해 읽어 보자. 의전에 관한 가장 확실한 지침이기 때문이다. 장학사 시험 준비를 할 때 정부의전편람을 찾기 위해 사방팔방 돌아다녔던 기억이 난다. 어렵사리 행정자치부 담당 직원의 연락처를 구해 이메일로 정부의전편람 파일[12]을 받을 수 있었다. 어렵게 구했던 만큼, 세 권 두께의 분량이 말해주듯 세세한 내용들이 담겨 있었다. 교육전문직원은 물론 공무원이라면 꼭 한번 읽어 보길 권한다.

---

12) 지금은 행정자치부 홈페이지/정책자료/간행물에서 쉽게 찾을 수 있음

경남에서는 정부의전지침을 참고로 하여 아래와 같은 '교육감 의전 간소화 지침'[13]을 근거로 업무를 추진하면 되겠다.

## 1. 의전 기본 원칙

- 모든 행사는 소관 업무 부서장 책임 하에 행사 수행 원칙
  - 주관부서가 있는 경우: 주관 부서장 수행
  - 주관부서가 없는 경우: 업무 소관 담당부서장 수행
- 부서장은 사전에 행사 현황을 파악하여 효율적인 대응 준비
- 사안의 특성과 행사 개요를 미리 파악하여 비서실과 총무담당과 긴밀한 협조 체제 유지

## 2. 주관 기관별 의전 내용

| 구분 | | 대외(유관기관, 단체)행사 | 본청 주관 행사 | 각급학교(기관) 방문 |
|---|---|---|---|---|
| 수행 | | - 소관업무 부서장<br>- 담당장학관(사무관)<br>- 담당자 | - 소관업무 부서장<br>- 당장학관(사무관)<br>- 담당자 | - 수행비서<br>(단, 필요시 소관부서 담당장학관(사무관) 및 담당자) |
| 영접 | 장소 | - 행사장 입구 | - 행사장 입구 | - 중앙 현관 |
| | 대상자 | - 소관업무 부서장(학교장, 기관장) 등 최소 인원 | - 소관업무 부서장 (학교 및 교육기관에서 개최할 경우 학교(기관)장 포함) | - 교육지원청: 교육장, 국·과장<br>- 직속 및 소속기관: 기관장, 부장<br>- 각급 학교: 교장, 교감. 행정실장 |

---

13) 교육감 의전 간소화 지침 재 알림(경상남도교육청 총무과-18133, 2015.12.8.)

| | | | |
|---|---|---|---|
| 의전요령 | - 행사 내용 및 진행순서 등을 사전 파악하여 대응 준비<br>- 주요 참석 내빈 사전 파악 및 메모전달<br>- 내빈 소개 순서 및 멘트 확인<br>- 좌석 및 이동 동선 확인(접견실 및 행사장 등) | - 학교(기관) 방문 시 관내 교육장 등 과도한 영접 자제<br>- 환담 장소에는 차(음료)만 준비 | - 환담 장소에는 차(음료)만 준비<br>· 환담 장소는 학교(기관)장실로 하되 그 외의 장소에서는 별도 준비 불필요<br>- 업무보고 등<br>· 본 행사에 집중하고 학교(기관) 현황 등 일반적인 사항은 서면 또는 간단하게 보고<br>· 반드시 보고해야 할 현안 사항은 1페이지 분량으로 작성·보고 |

## 3. 학교(기관) 방문 시 유의 사항

가. 각급학교

- 학습권 및 수업권 보호

  - 행사로 인하여 학생들의 학습권과 교원의 수업권을 침해할 수 있는 사전 준비 지양

  예시

  ① 청소시간 이외에 수업시간에 별도의 대청소 금지

  ② 행사와 관련이 없는 학교 일반현황 등 PPT 보고자료 별도 제작 금지

  ③ 교육활동과 직접 관련이 없는 행사에 학생들을 동원하여 안내 등 금지

- 본 행사와 관련 없는 자의 참석 자제

- 행사와 관련이 없는 자(초청되지 않은 자)의 참석 자제 및 학생 동원 금지

예시

① 학교 건물 준공식 등 행사에 직접 관련이 없는(초청되지 않은) 다른 지역교육장, 직속기관장, 타 학교장 등 참석 금지

② 교육활동과 직접 관련이 없는 행사에 학생을 동원하여 안내 등 금지

· 불필요한 접대행위 지양

- 행사는 차(음료)만 간단하게 준비

예시

① 환담 장소(접견실)에 떡, 과자류 등 일체 다과 준비 금지

② 환담 장소(접견실) 교직원이 평상복이 아닌 다른 복장을 하고 차, 다과 등 접대 금지

나. 본청 및 교육지원청

· "방문 사전 예고제" 시행

- 공식적인 행사 방문 이외에는 "방문 사전 예고제"를 시행하여 학교(기관) 방문이 원활히 진행될 수 있도록 지원

· 행사에 따른 비공식 업무지원 요청 금지

- 각급학교(기관)에 비공식 업무를 지원받는 행위를 일체 금지

- 필요한 경우 반드시 공문에 의하여 지원 요청


각종 행사장에 상급자보다 먼저 도착해서 기다리는 것은 당연지사다. 먼저 도착해서 동선, 화장실 위치, 소개 순서, 좌석 등을 확인한다. 특히 교육(지원)청 주관 행사가 아닌 시청 등 외부기관 행사

의 경우 소개 순서도 반드시 확인하여야 한다.

또한, 도의원, 시의원 등 내빈 명단을 신속히 확보하여 모시고 간 상급자에게 메모해 드려야 한다. 그래야지 교육장 등 상관이 축사나 인사 말씀을 하실 때 결례를 범하지 않게 도와드리는 것이다.

내빈 명단을 확보하는 방법은 주최 측 관계자(회장, 총무, 사회자 등)를 통하거나 행사장 입구의 접수대를 찾아 방명록을 확인하면 쉽게 구할 수 있다.

주최 측에서 수건 등 기념품을 주는 경우에는 1호 차 기사나 비서실 직원, 국·과장님 것을 챙겨오도록 하면 좋을 것 같다. 국·과장님께 복명할 때 ○○회장님께서 안부 전하시더라면서 기념품을 챙겨드린다면 자신의 가치도 올라가고 국·과장님과 상대 기관·단체장과 관계도 좋아질 것이다.

연구학교 보고회 등 상관을 수행할 때는 말씀 자료를 사전에 준비해 드리고, 주차공간도 확보해야 한다. 또 자신이 교육지원청 장학사일 경우 도교육청 장학사, 장학관, 과장 등 상급기관의 교육전문직원에게 사전에 전화를 하는 것이 바른 도리다. 도착 시간, 동행 여부, 좌석 배치, 소개 순서 등을 사전에 파악하여 방문 전에 해당 학교 관계자와 의논하는 것이 좋다.

## 탈북학생교육 정책연구학교 보고회[2015.10.30, ○○초]
# 임석관 말씀 참고자료

### 🦶 탈북 현황

- 2015.9. 기준 국내 입국 북한이탈주민 28,000명
- 2015.4.1. 기준 경남도내 탈북학생 103명(초58, 중40, 고5)
  ※ 창원 51명 중 ○○초 23명
- 이들을 우리 사회의 건강한 민주시민으로 육성하는 것은 중요한 역사적인 과업, 적극적 대비 필요

### 🦶 연구과제

- 탈북학생 스스로 공부할 수 있는 자기주도학습능력 향상을 위한 프로그램을 개발하여 적용
- 과제1: 탈북학생의 심층분석을 통한 맞춤형 상담활동
- 과제2: 탈북학생 맞춤형 프로그램 개발 및 적용

### 🦶 칭찬할 점

- 대상이 평범하지 않은 만큼 어려움 많았을 것
- 연구결과 검증을 위해 공인된 검사지, 설문지, 1:1면담 등 양적평가와 질적평가 동시 수행
- 탈북민에 대한 DB 공유 등 국가차원에서 고민해야 할 점과 향후 연구 방향까지 제시함

### 🦶 마무리

- 관내 학교 연구보고회 참석에 대한 감사
- 인근 주남저수지 갈대 속의 일몰 감상, 단감 등 특산품
- 환절기 건강조심 & 편안한 귀갓길

# 일반직원과의 관계

학교와 교육청은 여러 가지 면에서 다르다. 학교에도 일반직원이 있지만 같은 공간에서 생활하는 일은 거의 없다. 교육청은 교육전문직원은 물론 일반직원, 교육공무직원과 함께 근무하는 경우가 많다. 현재의 자리에 오기까지 지내 온 환경과 과정이 다르기 때문에 생각도 다른 경우가 많다. 그러다 보니 인식의 차이로 마음이 상하게 되고 언짢아지는 경우가 종종 발생한다. 가장 중요한 것은 상대방을 인정하는 것이다. 나이, 직급 등의 이유를 들어 일반직원을 하대하거나 하급자처럼 대해서는 안 된다. 교육전문직원에 대한 평가는 교육전문직원보다는 일반직원이나 교육공무직원의 평가가 정확하다.

학교에 행정실이 있듯이 교육청에는 경리관 역할을 하는 일반직원이 있다. 같은 부서에 배치되는 경우도 있고, 다른 부서 직원의 협조를 얻어 처리해야 하는 경우도 있다. 지출품의 시에는 반드시 재정팀과 사전에 논의하는 것이 좋다. 그래야만 절차나 과정에 따른 시간을 절약하고 실수를 줄일 수 있다. 특히나 계약을 해야 하는 문제라면 더욱 그러하다. 교육장까지 결재가 난 이후나 모든 것이 정리된 마무리 단계에서 협조를 구하는 것은 결례다. 교육장까지 결재가 났으니 무조건 협조해 달라는 식으로 요구하는 것은 역지사지로 생각해 본다면 해답이 분명하다.

# TF위원 구성을 공모로 해 보자

　전문직으로서 업무를 추진하다 보면 각종 TF를 구성하여 집단 지성을 활용, 공동 사고의 과정을 거쳐 추진해야 하는 경우가 잦다. 이때 자신만의 인력풀에 의존하다 보면 한계를 느낄 때가 많다. 경상남도교육청 산하 37,300여 명의 교직원 중에는 자신에게 기회만 주어진다면 경남교육 발전을 위한 아이디어와 열정을 불태울 인재들도 많다. 이들의 경험과 지혜를 극대화할 수 있는 방법은 없을까?

　또 한 명의 위원을 위촉하기 위해서는 해당 교직원은 물론 소속 학교의 교장, 교감 선생님 등 대략 2~3명에게 전화를 걸어 양해를 구해야 하는 절차적 번거로움도 있다. 위촉하고자 하는 위원의 수가 적은 경우는 문제가 덜하지만 10명만 위촉한다고 하더라도 본인과 교장 선생님에게만 연락한다고 가정할 경우 20통의 전화를 돌려야 한다.

필자가 경상남도교육청 기획홍보담당관에서 경남교육 정책개발 업무를 담당할 때의 일이다. 정책개발위원을 공모로 뽑아 보겠노라고 장학관님께 건의 드리니 희망자가 없으면 어떻게 할 것인지, 공모신청자의 능력과 자질을 어떻게 검증할 것인지, 산출물이 기대 이하면 어떻게 할 것이냐 등등 우려를 하셨다. 충분히 예상할 수 있는 문제점이었다. 물론 극복하기 어려운 문제점도 아니었다.

하지만 앞서 말한 바와 같이 자신에게 기회만 주어진다면 경남교육 발전을 위한 아이디어와 열정을 불태울 인재들을 발굴해 보고 싶었다. 그리고 신청서에 학교장 추천을 받아 신청하도록 함으로써 교장 선생님께 허락을 득하는 과정을 생략할 수 있어서 업무 추진 상의 시간도 절약하고 인재도 발굴하는 효과를 얻을 수 있었다.

# 경남 교육 정책 개발위원 지원 신청서

· 인적 사항

| 소속 | 00학교 | | 직 | | 성명 | |
|------|--------|---|---|---|------|---|
| 성별 | | 교육경력<br>(2012.12.기준) | | | | |
| 연락처 | 근무지 | | | | | |
| | 휴대전화 | | | | | |
| | e-Mail주소 | | | | | |
| 정책 개발 희망 영역 | | | | | | |

· 자기소개

|  |
|  |
|  |

· 학교장 추천

위 사람을 경남 교육 정책 개발위원으로 추천하며,

수업 및 업무 추진에 지장이 없는 범위 내 출장을 허락합니다.

2012. 11.

○○학교장(직인)

※ 교육 분야 주요 경력(경험) 사항, 관심 분야, 지원 동기 등 간략하게 기술하되,

　다음 쪽으로 넘어가지 않도록 기재 요망(분량이 많을 경우 글자 크기, 자간, 줄 간격

　등 조정)

# TF를 너무 믿지 마라

각종 장학 자료를 만들거나 중요하고 긴급한 업무를 수행할 때 '태스크포스'를 구성하는 경우가 잦다. 담당자 혼자만의 힘으로 추진하기 어려운 경우에 집단 지성을 이용하는 것은 당연한 일이다. 하지만 극소수이긴 하지만 담당자의 의견이나 생각은 없고 TF에 지나치게 의존하는 사람들도 있다.

시간이 급박할 경우 잘 아는 교사에게 시쳇말로 외주를 주는 경우도 있을 수 있다. 외주 결과에 대한 검토 없이 외주 내용을 그대로 보고하다가 상급자가 묻거나 질문하는 말에 대답을 못하는 동료 전문직을 목격하기도 한다. 조금 부족하더라도 자신의 아이디어로 승부해 보자.

TF에서 알아서 다 해 줄 것이라는 생각은 매우 위험하다. 장학사는 로드맵을 갖고 있어야 하고 예상되는 산출물까지도 제시해 줘야 한다. 장학 자료를 집필해야 하는 경우라면 제목, 분량, 목차,

예상되는 산출물, 발행 부수, 배부 대상 등을 정확히 제시해야 한다.

필자의 경험과 생각으로 미루어 봤을 때, TF 구성의 유의점에는 몇 가지가 있다. 첫째, 자신의 인맥에 치우치지 않는 구성원을 선발해야 한다. 자신의 한계를 벗어나, 보다 넓은 시야에서 인재를 찾아야 한다. 동료 장학사 등 주변 분들의 추천을 받아 구성해야 한다.

둘째, 연령, 성별, 지역을 다양화해야 한다. 비슷한 사람을 모아 놓으면 생각이 비슷해서 창의적이고 다양한 산출물을 기대하기 어렵다.

셋째, 관련 분야의 전문가를 위촉해야 한다. 특히, 초등의 경우 다 잘할 것이라 생각하지만 모든 분야에 전문성이 있는 사람은 드물다.

넷째, 너무 바쁜 사람은 제외하는 것이 좋다. 유능한 교원의 경우 도교육청, 연구정보원 등 여기저기서 불러서 쓰는 사람이 있다. 너무 바쁘다 보면 기대 이하의 산출물이 나올 수밖에 없다.

다섯째, 전년도 위원의 1/2 이상은 교체하는 것이 좋다. 지난해 인물이 많다 보면 일을 빨리 마무리할 수는 있지만, 새로운 생각을 담는 데도 한계가 있을 수밖에 없다.

마지막으로 A/S를 잘해야 한다. 자신이 필요할 때 위촉한 TF위원에게 늘 관심을 가지고 진로에도 도움이 되는 장학사가 되어야 할 것이다. 작은 인연도 소중히 여기는 인간미가 넘치는 장학사이길 기대해 본다.

# 유공교원 해외체험 연수 보고서는 누가 써야 할까?

혹자는 교원들을 가리켜 '쫀쫀하다[14]'거나 '세상 물정을 잘 모른다'느니 하는 표현을 쓰는 경우가 종종 있다. 서운한 마음이야 든다. 그런 표현을 쓰는 사람들도 문제지만 교원들 스스로가 세간의 그릇된 인식의 변화를 이끌어 나가야 할 것이다. 쫀쫀하지 않거나 세상 물정을 잘 아는 사람이 되는 방법으로는 독서, 여행, 영화 감상, 다양한 분야의 사회 활동 참여 등이 있겠지만, 선진 문물을 체험하는 연수를 단연코 추천하고 싶다. 학생들을 가르치는 교원들은 특히나 선진 문물을 앞서 받아들여야 할 것이다.

근자에 방학을 이용하여 해외 체험을 나가는 교원들도 많다. 하지만 개인적인 해외 체험은 학교, 교육청, 도서관 등 교육 관련 체

---

14) 국립국어원 표준국어대사전에 의하면 아래 세 가지의 뜻을 가지고 있다.
　　1. 피륙의 발 따위가 잘고 곱다. '존존하다'보다 센 느낌을 준다.
　　2. 소갈머리가 좁고, 인색하며 치사하다.
　　3. 행동 따위가 잘고 빈틈이 없다.

험을 하기에는 한계가 있고 주로 사적지나 관광지를 답사하는 여행으로 진행된다. 개인적으로 외국의 학교나 교육청을 방문하는 것은 아예 불가능하다고 봐야 한다.

이런 점을 감안하여 교육청에서는 주로 겨울방학 기간을 이용하여 유공교원 해외교육문화 체험 연수를 실시한다. 해외연수를 통해 선진 교수·학습방법도 습득하고, 우수교원들의 사기진작을 통한 교직 사회의 긍정적 분위기를 확산하며, 선진국의 문화와 교육 시스템 현장 체험을 통한 교육 혁신을 강화하고자 함이다.

하지만 일부에서는 교원들의 해외체험 연수를 단순한 여행이라 치부하여 못마땅하게 여기는 분위기도 있어 안타깝다. 교육청에서 주관하는 해외체험 연수는 대상자 선발에서부터 보고서 제출 등 마무리까지 엄격히 관리되고 있다. 연수대상자는 학교인사위원회의 추천을 받은 자와 국가관, 교직관이 뚜렷하고 근무 상황이 양호한 자 가운데 부장교사 경력, 학생 지도 실적, 표창 등 여러 가지 평정 기준에 의거 연수 대상자를 선발한다.

경상남도교육청에서는 최근 3년 이내에 불문경고 이상의 징계처분을 받은 사람과 교사 및 교육전문직원의 경우 최근 15년 이내에 도교육청, 교육지원청, 직속기관의 지원을 받아 5일 이상 국외연수 경험이 있는 사람은 제외하고 있어 해외체험 연수 대상자로 선정되기가 무척 어렵다. 경남교육청의 경우, 약 32,000여 명에 달하는 교원 중 0.25%에 해당하는 80여 명의 교원이 비행기에 오르는 행운의 주인공이 된다. 그것도 전체 경비의 25% 정도는 참가자 본인 부담으로 하고 있다.

경상남도교육감 소속 공무원 공무국외여행 교육규칙(경상남도교육
규칙 제780호, 2016.2.11., 일부 개정)에 의거 교육감 소속 공무원이 공무국
외여행을 하려는 경우에는 출국예정일 20일 전까지 허가권자에게
신청하여 공무국외여행심사위원회의 심의를 거치는 허가[15]를 받아
야 한다. 또 귀국 후에는 귀국 보고서를 허가권자에게 제출[16]하고,
보고서를 인사혁신처 국외출장연수정보시스템(http://btis.mpm.go.kr)
에 등록하여 연수 결과의 일반화에 노력한다.

연수단은 보통 도교육청 장학사나 장학관이 단장을 맡고 지원청
장학사 1~2명, 현장교원 등 2~30명으로 구성된다. 단장, 총무, 간사
등 역할을 분담하여 체험 연수를 진행하는데 간사를 맡게 되면
보고서를 마무리하고 제출까지 해야 해서 여러 가지로 부담스럽
다. 귀국 후 20일 이내에 보고서를 마무리 지으려면 바쁘기 일쑤
다. 이런 연유로 사전모임을 가지면, 젊은 선생님들은 주변을 살피
며 연령대를 파악하고는 가장 젊은 듯한 자신이 보고서를 써야겠
구나 하고 단단히 마음을 먹는다.

필자에게 복이 있어서인지 유공교원 해외체험 연수에 두 번 동행
할 기회가 있었다. 사전 연수차 만났던 날 보고서는 필자가 쓰고
마무리 짓겠노라고 선언했다. 젊은 후배 선생님들의 눈이 휘둥그

---

15) 교육지원청(소속기관 포함)·유치원·초등학교·중학교 소속 공무원은 해당 교육장의 허가를 받아야
   하며, 교육장의 공무 국외여행은 교육감의 허가를 받아야 함.
16) 여행 기간이 30일 미만인 공무국외여행자는 귀국 후 20일 이내에, 여행 기간이 30일 이상인 공무
   국외여행자는 30일 이내에 별지 서식의 공무 국외여행보고서를 허가권자에게 제출하여야 함.

레졌다. 연수단에 선정되기까지 경남교육을 위해 고생이 많았는데 아무 걱정 말고 편안히 연수에 참가하라는 것과 보고서나 계획서를 써 봐도 장학사가 더 많이 써 보지 않았겠느냐는 게 필자의 논리다. 유공교원 해외체험 연수는 시야를 넓히는 측면도 있지만 그동안의 고생에 대한 보상적 성격도 다분히 있다. 그동안 고생한 선생님들을 배려하는 것이 장학사의 도리가 아닐까?

필자가 함께했던 연수단이 2012년 1월 29일(일)부터 2월 6일(월) 기간 중 미국과 캐나다 지역의 문화와 교육을 체험하고 쓴 보고서의 목차와 결론 부분을 실어 본다.

# 2011학년도 초등 유공교원 해외연수 보고서
# 미국과 캐나다의 문화와 교육

## 2011학년도 초등 유공교원 해외연수 보고서 (결론 및 제안)

......................................................................

## 1. 연수 성과

기내에서 보낸 시간을 제외하면 일주일 정도도 되지 않는 짧은 시간에 경제적, 정치적, 사회적으로 세계 최강이고 우리나라 국토의 몇 십배가 되는 넓은 면적에 천혜의 자연환경을 가지고 있는 미국과 캐나다가 부러운 반면 욕심으로 치자면 일부 지역밖에 가 보지 못한 부분이 아쉬웠다. 하지만 미주지역의 선진교육의 모습과 교육제도를 고찰하고, 잘 보존되어 있는 그 나라의 역사와 문화체험을 하며 미래 교육의 새로운 정보를 습득하기 위함에 비록 짧은 일정이었지만 효과가 있었다고 생각된다.

미국과 캐나다의 교육제도는 교육 그 자체 보다는 학생들의 적성과 취미, 그리고 다양한 특별활동으로 적성분야와 창의성 그리고 사회성을 길러 주고 있었고, 학생의 창의성과 진로와 관련된 잠재성을 일깨어 주는 교육이었다.

### 가. 미국·캐나다와 우리의 교육

교육예산이 우리나라보다 훨씬 많이 책정이 되어 있고, 학교시설이 학생들 위주로 설치되어 있었다. 학생과 선생님간의 격식이 없으며 언제든지 선생님이든 카운슬러랑 상담이 가능하고 다양한 과목과 과목 선택의 폭이 넓으며 대학 입학에 떨어져도 편입의 길이 다양하기 때문에 대학 입시 걱정을 하지 않아도 될 정도로 장점이 많았다. 미국의 평균 학력 수준은 매우 낮으며 성공하는 미국의 1%가 나머지 99%를 먹여 살린다고 한다.

반면에 과도한 사교육비, 주입식 교육, 입시 스트레스 등 단점만 있는 것 같은 우리나라 교육은 오바마 미대통령이 배우자고 여러 번 강조했던 높은 교육열과 국민들의 교육수준이 전체적으로 높다는 사실은 누구나 다 인정하는 사실이다. 암기 위주의 주입식 교육이 잘못된 것이지 암기 자체는 교육에 필요하다고 하니 미국처럼 어려서부터 논문 쓰는 법을 가르치고, 너무 경쟁을 의식해서 지나치기 쉬운 인성교육을 덧붙인다면 우리나라만의 교육의 장점을 발전시킬 수 있을 것이다.

### 나. 방과후 활동 현장체험

방과후 교실은 학교 체육관, 도서실, 강당, 컴퓨터실 등 방과 후 사용하지 않는 시설을 이용하고 있었다. 학교의 시설, 규모 등에 따라 사용 현황은 달랐으며 학교 시설의 이용을 위해서는 CBO(미의회예산국)직원과 학교장의 이해, 교육목적이 일치할 경우 보다 적극적인 시설 사용이 가능하다고 한다. 많은 학교와 CBO관계자들은 교실 시설과 설비, 자원 등의 사용, 방과후 교실 사용 청소 등의 문제들로 인하여 갈등이 생기기도 하지만 서로 의견을 조율하며 사용하고 있었다.

연수국가의 방과후 활동 프로그램이 체육 강습 및 음악, 미술 프로그램 등이 있고 수강료도 저렴하고 학교에 속한 스포츠 클럽과 음악 활동 파트를 통하는 등 다양하게 이루어지고 있었다. 공교육이 이루어지는 교실이 아닌 방과후 교실 프로그램이 진행되는 공간을 따로 만들고 미국처럼 세심한 교구와 배려를 갖출 수 있도록 한다면 방과후 프로그램에 대한 활성화를 기대할 수 있지 않을까 싶다.

### 다. 평생교육 기관에 대한 인식

미국과 캐나다는 어린 시절부터 공공도서관을 시작으로 학교도서관, 그리고 다시 공공도서관으로 이어지는 도서관 이용이 평생 계속되고 있고, 이는 학교교육 그리고 평생교육을 위한 중요한 밑거름이 되고 있었다.

도서관이 단순히 책을 빌려주거나 시험공부를 하는 곳이 아니라 일종의 커뮤니티 센터의 역할을 수행하고 있었고, 수시로 지역 주민들을 위한 강연회나 작가와의 만남, 각종 생활 강좌들을 제공하며 그 지역 사회를 공동체로 엮어 주는 중요한 역할을 수행하고 평생교육의 장이 되고 한국의 경로당 역할까지도 한다고 했다.

학교 도서관은 학교의 가장 중심지에 위치해 있었고 학생들은 그들에게 주어진 과제를 해결하기 위해서 도서관을 찾을 수밖에 없었으며 그렇게 도서관 활용이 생활화되어 있었다.

도시를 조성할 때 학교와 경찰서, 소방서 등과 함께 제일 먼저 도서관을 짓는다는 미국이 세계 최강대국 되기까지 그 바탕의 저력은 도서관이었다고 할 수 있을 것이다.

장서와 서비스에 한계가 있는 학교도서관, 멀어서 쉽게 접근할 수 없는 공공도서관이 우리나라의 현실이고 시설적인 면이나 인적구성에서 이번 연수국에 비해 많이 뒤지기는 하지만 학교도서관과 공공도서관의 연계 협력 운영이 활성화되면 지역사회의 문화발전을 도모하고 학교도서관을 활용하여 방과후 저소득층의 학습지도 및 독서지도를 통해 독서능력 향상과 교육격차 해소에 기여가 클 것이라 생각된다.


라. 우리나라의 국제적 위상
우리가 이번에 연수를 실시한 미국과 캐나다는 우리나라 기업들과 정부기관이상당수 진출하고 있었고 눈에 띄게 거리를 달리고 있는 자동차, 한글로 표기된 간판, 한국어로 된 관광방송, 관광객들의 한국에 대한 인지 등 여러 부분에서 우리나라의 국력향상을 실감할 수 있었고 UN본부를 방문하였을 때는 반기문 사무총장의 사진이 가슴을 뿌듯하게 하였고 우리의 어깨를 으쓱하게 하였다.

반면, 메트로폴리탄 박물관과 자연사박물관의 초라한 한국관의 모습을 보면서 참 많이 씁쓸했다. 바로 옆에 있는 중국과 일본관 등과 비교되어 더욱 씁쓸하였다. 국제적인 위상은 저런 곳에서 더욱 높일 수 있지 않을까 생각한다. 1년에 1,000만 명 이상의 방문객이 왔다 간다는데 참으로 아쉬웠다.


마. 동료애 확인

대부분의 팀원들이 경남 각지에서 선발되어서 왔기 때문에 서먹함으로 출발하였지만 7박 9일의 연수기간 동안 매일 숙식을 함께하고 문화체험 등을 하며 함께 생활하고 의견을 나누며 서로를 알아가는 과정에서 상대방에 대한 배려와 이해의 폭을 넓히는 계기가 되었고, 한마음 한뜻이 되어 방문하는 기관마다 대한민국 교육공무원으로써 품위와 자긍심을 가지고 교육가족이라는 동료애를 확인하게 되었다.


## 2. 제안

이번 연수는 나름대로 많은 성과가 있었지만 그럼에도 불구하고 아쉬움이 있다면

가. 연수 일정의 기간과 예산의 지원율을 더 높여서 연수대상 국가에 대한 충

분한 탐방이 이루어졌으면 한다. 짧은 준비 기간과 빡빡한 일정으로 차분하고 집중적인 탐방이 어려웠고 지원금에 대한 부담도 있었다. 그러므로 충분한 예산의 지원과 기간을 늘려서 모처럼의 국외테마 연수에 대한 아쉬움을 줄였으면 한다.

나. 여행사에서 방문기관을 섭외하는 데 어려움이 많았고 방문 문화가 우리와는 달라서 내심 먼 길을 간 우리들을 서운하게 하기도 했던 방문기관의 섭외는 교육청 차원에서 자매학교 결연 및 후원 등을 통해서 연결해 주었으면 한다.

다. 대부분의 팀원들이 흡족해 했었던 국외 테마연수에 대한 지원이 정기적 지속적으로 이루어졌으면 한다. 다양한 분야의 유공교원들에게도 충분한 기회가 주어져 세계화, 국제화시대에 부합하는 견문을 넓히는 기회가 되었으면 한다.


## 3. 소감

미국 제44대 오바마 대통령은 공식석상에서 한국의 교육을 자주 거론한다. 그럴 때마다 뜨거운 호응도 있었다지만 그에 반대하고 나서는 이들도 적지 않다. 아닌 게 아니라 그런 뉴스를 접할 때마다 한국에서 교육을 이용하고 제공하고 있는 우리로서는 뿌듯함은 잠시, 가슴에 손을 얹게 되는 것이 사실이다.

230년의 짧은 역사 가운데 44대 대통령을 배출해낸 민주정치의 원산지 미국. 원주민을 비롯해 다양한 국적의 사람들이 모여 진정 자국만의 것을 찾아보기 힘들다는 미국. 그곳을 다녀오기 전까지, 우리는 어쩜 우물 안의 개구리처럼 우물 속만 들여다보고, 우물 속에 있는 것이 전부라고 생각하며 살아왔는지 모른다. 한 치 앞도 볼 수 없는 우리가 과연 진정한 저력, 진정 필요한 것을 잘못 이해하거나 눈앞에 보이는 것만이 전부라고 착각하며 살아왔는지도 모른다.

지금에서야 국제결혼, 외국인 근로자, 외국인 유학생, 학교의 원어민 등을 통해 우리와 민족성이 다른 사람들에게 조금은 자연스러워졌지만, 이렇게 된 것이 불과 몇 년 되지 않았으니 말이다. 동질의 민족성을 자랑하며 끈끈한 정을 과시하였지만, 정작 같은 우물, 같은 생각, 같은 문화 속에 반만년을 젖어있어 다른 우물, 다른 생각, 다른 문화를 생각지도 못했던 것은 아닌가 말이다.

너무나도 달랐기에 서로를 위한 규칙이 발달할 수밖에 없었으며, 너무나도 달랐기에 의사소통의 방법이 발달할 수밖에 없었고, 너무나도 달랐기에 다른 생각을 너무나도 편히 인정할 수밖에 없었던 북아메리카. 불과 그 역사는 짧아도 자국의 특수성을 인정하며 그에 걸맞게 문화를 일궈 가고 있는 것이라는 생각이 든다.

다름을 인정하고 받아들이며, 그에 맞는 잣대로 볼 줄 아는 다양성이 숨 쉬는 나라. 사회 안에서 경제적 부를 축적한 가진 자가 사회를 통해 자신의 부를 환원하는 것이 당연하며, 그러한 모범을 큰 사람만이 아닌 각 가정에서 몸소 실천한다는 나라. 무엇이 국가경쟁력이며, 무엇이 꿈나무들의 미래를 위한 소중한 가치인지, 무엇이 진정한 우리 아이들의 학력인지 천리안으로 바라보아야 할 것이다.

# 적자생존

공부, 아부, 안부, 기부를 '인생 4부'라고 한다. 이들은 자기가 필요할 때만 하는 게 아니라 평소에 잘 해야 하는 것들이다. 필자는 여기에 '장부帳簿'를 추가하고 싶다. 평소에 메모하는 습관을 기르는 게 장학사로 성공하는 열쇠라 생각한다.

"천재의 기억보다 바보의 기록이 정확하다."는 어느 정치가의 말이 떠오른다. 평소에 메모지나 수첩을 가까이 두고 메모하는 습관을 길러야 한다. 특히 민원 업무의 경우에는 전화를 받을 때부터 통화가 끝날 때까지 내용, 시간 등을 기록해 두어야 한다. 메모 내용은 훗날 문제가 되었을 때 자신을 보호해 주는 방어 기제가 되기도 한다.

인사담당의 경우 인사를 시행하기 위해서는 정·현원을 맞추는 것에서부터 인사 작업이 시작된다. 수정, 삭제, 추가한 내용을 그때그때 간략히 메모해 두면 문제가 생겼을 경우 그 시점으로 되돌아가서 쉽게 오류를 찾아 정리할 수도 있다.

　발신번호가 표시되지 않는 전화기의 경우 신호음이 울릴 때 번호를 확인하고 메모한 후 전화를 받는 습관을 길러야 한다.

　포스트잇을 모니터에 붙여 놓거나 '스티커 메모', '네이버 캘린더' 등 PC용 응용프로그램을 활용하는 것도 하나의 방법이다.

　자신의 기억력을 믿는 것도 좋지만 사람의 기억엔 한계가 있기 마련이니 자신이 편리한 방법으로 기록해 두는 것이 실수를 줄이며 업무를 처리할 수 있는 방법이다.

# 학교에 공문을 독촉해야 할 때

개인적으로, 학교에 공문을 독촉해야 할 때가 가장 곤혹스럽다. 요즘에는 교육부나 도교육청에서부터 보고기일을 촉박하게 부여하는 경우가 드물어 다행이다. 하지만 때로는 학교에 공문을 독촉해야 하는 불가피한 경우가 있다. 가장 쉬운 방법은 그 시점까지 들어온 공문을 살펴보고 접수되지 않은 학교를 대상으로 전화를 돌리는 것이다.

도교육청에서 학교로 공문 독촉을 해야 하는 경우는 거의 없다. 전문직 첫 발령을 도교육청으로 받은 게 이런 면에서는 다행이었다. 2010년 9월 1일자 인사발령으로 김해교육지원청으로 전보되었을 때의 일이다. 당시 나의 업무 파트너였던 모 직원은 내 일을 도와준다고 공문이 접수되지 않은 학교 교무실로 전화를 걸어 교감 선생님을 바꿔 달라고서는 무슨무슨 공문이 안 들어왔다고 말하는 것이었다. 순간 놀라지 않을 수 없었다. 당시 교감 선생님들의 평균 연령이 그 직원의 아버지뻘 되는 편이었는데 어떻게 교감 선생님께 전화를 걸어 공문이 왔니 안 왔니 할 수 있는 것인지 내 상식으로는 이해하기 어려웠다.

얼마간의 시간이 흐른 후에 모 직원과 그 문제에 대해 얘기했더니 예전부터 그렇게 해 왔다고 대수롭지 않게 여겼다. 그리고 전화를 걸어 해결하는 방법이 가장 빠른 방법이라고 나름의 비법을 일러 주기까지 했다. 필자는 공문이 접수되지 않았을 경우, 앞으로의 처리 방향에 대해 얘기해 주고 필자의 생각대로 따라 줄 것에 동의를 구했다. 공문 독촉 전화는 되도록 하지 않겠지만, 꼭 전화해야 한다면 장학사인 내가 하겠노라고 했다.

그날 이후 필자가 학교에서 공문이 오지 않았을 때 독촉하는 방법은 이렇다. 먼저, 지정된 일시까지 공문이 들어오지 않을 경우 다음날 업무관리시스템 메일로 요청을 드린다. 시간이 걸리더라도 해당 학교 홈페이지에서 업무분장을 찾아보거나 예전에 왔던 공문의 기안자를 찾아 수신자 개별발송을 체크한 후 받는 사람의 이름만 보이도록 해당자에게만 메일이 가도록 한다. 좋은 일이나 기쁜 일은 상관없겠지만 공문 독촉 등의 경우 개별발송을 체크하지 않으면 다른 사람들도 수신자를 알 수 있어서 자신의 이름이 밝혀지는 것을 꺼려 하거나 언짢아할 수 있다. 수신자란에 넣지 않고 참조자란에 수신인의 이름을 넣을 수도 있는데 이렇게 하여도 받는 사람 자신의 이름만 보이게 된다.

두 번째로 업무관리시스템에서 업무 메일 수신 여부를 확인한 후 '읽지 않음'으로 나오는 분들에게만 첫 번째 단계에서 확인된 담당자의 휴대전화번호로 문자를 보낸다. 그것도 아주 정중하게 말이다. 이 정도가 지나면 공문이 안 들어왔던 학교에서 서서히 공문을 보내기 시작한다. 이제 기다리기만 하면 되는 것이다. 필자의 경험으로는 거의 1~2학교를 제외하고는 제시간 내에 다 들어온다.

위 두 가지 방법으로도 공문이 들어오지 않을 경우에만 마지막으로 학교로 전화를 한다. 시간은 많이 걸리지만 교감 선생님과 학교를 존중하는 길이라 생각한다. 학교는 공문 처리보다는 수업이 우선이기 때문이다.

제5부

장학사 에피소드

# 교육위원의 칭찬

　　인턴장학사로 발령받아 교육 정책개발 업무를 수행하던 중 2008
년 4월 경상남도교육위원회 임시회가 열렸고, 당시 날카로운 질문
으로 집행부를 자주 긴장시켰던 모 교육위원으로부터 자료 요구와
정책질문이 있었다. 과장님은 물론 동료 직원들도 긴장하지 않을
수 없었고 자료를 정리해서 예상답변서를 써 드렸다. 당연히 송곳
질문을 하리라 예상했었는데 교육위원께서 칭찬을 하시는 것이었
다. 요즘도 그렇지만 교육위원회에서 칭찬받는 일은 가히 기쁘지
아니한가! 아래 내용은 당시 회의록[17]의 일부이다.

- **조○○ 위원: 만나 뵙게 되어서 반갑습니다.**

　　교육정책개발에 대한 질문입니다. 우리 교육청에서는 새로운 교육 정책을 모

---

17)　제220회 경상남도교육위원회 임시회 회의록. (2008.4.)

색하고 아이디어를 찾고자 특별연구교사제도와 경남교육 정책개발 현장자문단을 운영하여 경남교육을 개선할 수 있는 우수한 정책들을 많이 개발한 것으로 알고 있습니다.

그러나 아쉽게도 많은 돈을 투자하고 어렵게 연구하여 개발한 연구 결과들이 사장되는 것 같아 아쉽습니다. 이 두 연구 단체에서 2007년에 연구 개발한 정책들 중에서 2008학년도 경상남도교육청 책에 반영한 내용은 무엇이며, 지난해 이 두 단체 운영에 소요된 비용은 얼마인지 말씀해 주십시오.

• **기획예산과장 김OO: 기획예산과장 김OO입니다.**

조OO 위원님께서 질문하신 특별연구교사제도와 경남교육 정책개발 현장자문단에서 개발한 정책의 반영 내용과 이 두 단체 운영에 소요되는 경비에 대해서 말씀드리겠습니다.

위원님께서도 잘 아시다시피 특별교연구교사제도는 1996년도부터 교육부의 지침에 따라 우리 경상남도교육연구정보원에서 운영되고 있는 정책연구제도입니다. 그리고 경상남도정책개발 현장자문단은 경남교육현안에 대한 정책 대응을 마련하고자 2004년부터 자체적으로 운영해 온 정책개발 자문단입니다.

위 두 단체는 기능에 따라서 그동안 많은 과제를 연구하고 또한 개발해 왔습니다. 그 결과 2007년도에 특별연구교사제도 팀에서는 수준별 논술지도, 수요자 만족도 도구개발 등 전체 7개 과제 연구를 수행하여 현재 도내 전 학교에 보급 활용되고 있습니다.

그리고 현장자문단에서는 91건의 정책을 제안하여 사이버 홍보관 운영, 보고 싶은 도서관 등 32건의 정책을 2008년도 교육계획에 반영되어 현재 추진 중입니다.

그리고 위 두 단체 운영에 대한 경비는 특별연구교사제도의 경우 연구활동 지원비 4,200만 원을 포함하여 모두 6,300여만 원이 들어갔습니다.

그리고 현장자문단의 경우에는 운영 및 정책토론회 및 2,400만 원을 포함하여 5,700만 원이 투입되었습니다. 앞으로 이 두 단체에 대한 예산투입 효과가 극대화되고 교육현장에서 그리고 실제 적용 가능한 정책개발을 위하여 보다 내실 있게 운영해 나갈 계획입니다. 위원님께서도 계속 관심을 가져 주시기 바랍니다.

**· 조OO 위원: 답변 잘 들었습니다.**

특별연구교사제도하고 정책개발 자문단 제도는 참 좋은 제도라 생각합니다. 지난해 실시한 결과에 대해서 특히 교육수요자 만족도 조사라든지 운동부 운영개선 방향 등 여러 가지를 연구 개발하였는데, 나는 그 어느 대학의 논문이나 연구개발 하는 것보다 우리 현장에 맞는 좋은 정책이라고 생각됩니다. 연구개발만 했지 실질적으로 현장에서 일반화되거나 사용될 수 있는 구체적인 자료를 요구했는데 답변이 추상적인 것 같습니다. 일반화 자료집만 만들었지 않습니까, 그래서 정말로 일반화되고 있는지를 여러 가지 요소가 어떻게 일반화되고 있는지 조사하여 보내주시면 좋겠습니다. 한 달 정도 여유를 주겠습니다. 개발하면 정말 쓰일 수 있도록 이것은 어떤 분야는 어떻게 쓰이고 있다 그것을 자료로서 주시겠습니까?

**· 기획예산과장 김OO: 예, 그리하도록 하겠습니다.**

**· 조OO 위원: 그러면 이것이 더 일반화될 수 있도록 노력을 하겠습니다.**

# 경남교육 HAPPY 프로젝트

2007년 12월 28일 제14대 초대 주민직선 교육감이 취임하였다. '학생이 행복한 교육'을 비전으로 정하였으나 '행복'이란 추상명사의 모호함 때문에 '행복교육'이 구체적으로 뭐냐는 얘기들이 많았다.

인턴장학사로 근무한 지 10개월 즈음인 2008년 12월 학생과 교사가 교육의 중심이 되는 내용을 골자로 하는 'HAPPY 프로젝트'를 기획하고 김 장학관님께 생각을 말씀드렸더니 너무나도 좋아하시며 본격적으로 추진하자고 하셨다.

'HAPPY 프로젝트'는 Heart(밝고 고운 심성 함양), Ability(미래사회 주도 능력 배양), Professional(역량 있는 교원과 끼를 살리는 학생), Pride(배우는 기쁨과 가르치는 보람), Yes(교육공동체 만족)의 앞 글자를 딴 것으로 경남교육 비전인 '학생이 행복한 교육'을 구체화시키기 위한 계획이었다.

이를 위해 학생은 친구와 이웃 사랑을 실천하고 학부모는 교육청과 학교를 믿고 자녀를 학교에 보내는 한편, 지역사회가 신뢰와 만족의 교육지원체제를 구축한다는 것이다. 또 교사는 사표師表헌장[18] 실천을 통해 바람직한 교사상을 확립하며 도교육청과 각 교육지원청은 공문서 감축 및 유통방안 개선 등으로 교직원의 업무를 경감시킨다는 방안이다.

'HAPPY 프로젝트'가 구호로 그치지 않고 학생이 실질적으로 행복할 수 있는 교육활동이 이뤄질 수 있도록 했지만 당시 교육감의 임기가 2년 6개월이라 짧은 기간에 제대로 실현할 수 없어 안타까웠다.

---

18) 경남교육 사표師表헌장(2008.9.3. 경상남도교육청 제정·공포)
우리 경남교원은 교육이 인간의 존엄과 국가의 미래를 보장함을 명심하고 확고한 교육관과 사명감으로 전문성을 신장하여, 학생이 행복한 교육 실현을 위해 부단히 노력하는 사표師表로서의 길을 밝힌다.
하나. 우리는 교육 전문가로서의 긍지와 열정으로 교과 수업에 매진한다.
하나. 우리는 학생에 대한 이해와 사랑으로 개인의 소질과 적성 계발에 최선을 다한다.
하나. 우리는 교육자적 양심과 인격으로 청렴한 교직문화 형성에 선도적으로 참여한다.
하나. 우리는 학부모 및 지역사회와 원활한 소통으로 참된 교육공동체 형성에 노력한다.
하나. 우리는 교육의 중요성을 재인식하고 사회와 국가의 발전에 적극 기여한다.

학생이 **행복**한 **교육**!
경남교육 **HAPPY** 프로젝트와 함께합니다.

**H**eart
밝고 고운
심성 함양

**A**bility
미래 사회
주도 능력 배양

**Y**es
교육공동체의 만족
(생활공감 교육행정)

**P**ride
배우는 기쁨 ·
가르치는 보람

**P**rofessional
역량있는 교원 ·
끼를 살리는 학생

H. A. P. P. Y.

실현으로 경남교육 비전 구현

# 정책 정비로 484억 원을 절감하다

2016년 경남교육 역점과제 중 하나가 '교사 행정업무 획기적 감축'이다. 교원 업무 경감은 예나 지금이나 교육계의 쟁점 중 하나이다. 장학월보 업무를 하다가 우연히 1989년 4월에 발간된 통신장학(지금의 장학월보)에 소개된 교육감 강조사항[19]에도 교원업무경감이 언급되어 있는 걸 보았다. 27년이 지나도록 아직도 해결이 안 되고 있다니 실로 놀랍다.

2012년 3월 1일자로 김해교육지원청에서 도교육청으로 전입하고 정책담당관에서 근무하게 되었다. 지금도 마찬가지이지만 당시에 교원들 중 행정 업무의 과중함을 토로하는 이들이 많았다. 무엇을 어디에서부터 손을 댈까 고민하다가 교직원 업무 경감과 행정·재정

---

19) 1. 내실 있는 학교경영
    2. 학생자치회 운영의 활성화 및 생활지도 강화
    3. 지역사회와 유대강화
    4. 교원의 업무부담 경감대책

적 효율화 차원에서 고강도의 교육 정책 다이어트를 추진하기로 하였다.

정책정비를 위해 1월에 계획을 수립해 정책정비 TF팀을 구성하고 수차례의 협의를 통해 정책정비 대상 사업목록을 작성했으며 TF팀 연구 자료를 토대로 본청 및 직속기관 담당부서 자체 검토, 실무위원회 회의, 부서장 회의 등 6개월여 동안 심도 있는 논의 과정을 거쳤다.

선례 답습의 행정에서 벗어나 거시적 안목으로 교육 정책을 진단, 관행적·비효율적인 사업을 통·폐합하는 것이 주요 목적이었다. 이를 위해 경상남도교육청을 비롯해 경남교육연수원, 경남교육연구정보원, 경남과학교육원, 경남유아교육원 4개 직속기관의 1,250개 사업을 대상으로 폐지 65건, 통합 71건, 축소 77건 등 총 213건의 사업을 정비했다.

당시 폐지한 사업으로는 ▲도농 협동 창의적 체험활동 운영 ▲1110 달리기 해외연수 ▲PAPS(건강체력평가제) 연수 ▲전국평생학습축전 ▲학교장 선진 리더십 과정 ▲수돗물 전용 음용대 사업 ▲녹색학교 운영 및 그린스쿨사업 ▲과학과의 물리, 화학, 지구과학 직무연수가 공통과학 직무연수로 대체 운영됨으로써 폐지되는 등 모두 65건을 폐지하였다.

그 결과 2013년도에는 2012년에 비해 약 484억 원이란 예산을 절감할 수 있었다. 그러던 차에 행정안전부에서 주관하는 행정제도개선 사례 공모가 있어 제출했더니 우수사례로 선정되었다.

2012년 9월 27일 서울 광화문 정보화교육센터에서 열린 '행정제도 개선 우수사례 전문가 심사에 참석하기도 하였다.

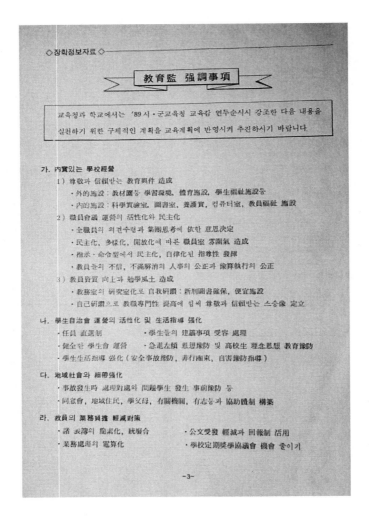

◇장학정보자료◇

### 敎育監 强調事項

교육청과 학교에서는 '89시·군교육청 교육감 연두순시시 강조한 다음 내용을 실천하기 위한 구체적인 계획을 교육계획에 반영시켜 추진하시기 바랍니다.

가. 內實있는 學校經營
 1) 尊敬과 信賴받는 敎育與件 造成
  · 外的施設 : 敎材園등 學習環境, 體育施設, 學生福祉施設등
  · 內的施設 : 科學實驗室, 圖書室, 養護室, 컴퓨터室, 敎員福祉 施設
 2) 職員會議 運營의 活性化와 民主化
  · 全職員의 의견수렴과 集團思考에 依한 意思決定
  · 民主化, 多樣化, 開放化에 따른 職員室 雰圍氣 造成
  · 指示·命令型에서 民主化, 自律化된 指導性 發揮
  · 敎員들의 不信, 不滿解消의 人事의 公正과 豫算執行의 公正
 3) 敎員資質 向上과 勉學風土 造成
  · 敎務室의 硏究室化로 自我硏鑽 : 新刊圖書確保, 便宜施設
  · 自己硏鑽으로 敎職專門性 提高에 힘써 尊敬과 信賴받는 스승像 定立
나. 學生自治會 運營의 活性化 및 生活指導 强化
  · 任員 直選制         · 學生들의 建議事項 受容 處理
  · 健全한 學生會 運營    · 急進左傾 思想豫防 및 高校生 理念思想 敎育豫防
  · 學生生活指導 强化 ( 安全事故豫防, 非行函束, 自害豫防指導 )
다. 地域社會와 紐帶强化
  · 事故發生時 處理對處와 問題學生 發生 事前豫防 등
  · 同窓會, 地域住民, 學父母, 有關機關, 有志등과 協助體制 構築
라. 敎員의 業務負擔 輕減對策
  · 諸 表簿의 簡素化, 統廢合    · 公文受發 輕減과 回報制 活用
  · 業務處理의 電算化         · 學校定期獎學協議會 機會 줄이기

-3-

<통신장학 1989년 4월호>

# '친절한 학생·질서 있는 학교'가
## 나오기까지

    교육청이나 교육지원청에 근무하다 보면 상부기관이나 외부기관에서 새로운 공문이 접수되었을 때 서로 접수처리를 하지 않으려는 양보의 미덕이랄까, 관행이 있다. 접수를 하면 곧 자신의 업무가 늘어나는 상황이라 충분히 이해는 가지만 지금도 이런 문화가 지속되고 있으니 개선되어야 할 것이 아닌가 생각한다. 2011년에 필자가 근무하던 부서에서도 예외는 아니었다.

    김해교육지원청 근무 시절 이야기이다. 2011년 10월 경상남도교육청 학교정책과에서 일본 우수 교육 사례 연구팀 공모 계획이 공문으로 시달되었다. 일본 우수 교육 사례의 연구 및 활용을 통한 경남교육의 경쟁력 제고, 다양한 교육 정보 및 교원의 전문성 향상 기회 제공, 교육 현장에 적용할 수 있는 우수 교육 사례 발굴 등을 목적으로 2개 연구팀을 공모하여 팀당 10,000천 원의 연구비도 지원하겠다는 내용이었다.

당시 새롭게 시달된 공문이었기에 어느 누구도 섣불리 접수하려 하지 않았고 필자가 접수처리하는 것이 맞지 않느냐는 분위기였다. 필자가 가장 젊은 장학사라는 이유와 공모 분야의 일부에 필자가 담당했던 업무가 있었기 때문이었다. 기쁜 마음으로 접수처리를 하였다. 물론 다른 장학사들이 담당했던 업무도 있었다. 필자가 가장 후배 장학사였기도 했지만 버텨 봐야 선배님들께 돌리기도 어려울 것이라는 현실적 인식도 작용했다. 한편으로는 공모에 응모해 보고 싶다는 도전 의식이 발로했기 때문이기도 했다.

| 공모 분야 | - 인성교육, 독서교육, 방과 후 교육, 체험활동, 직업체험교육, 유아교육 등 경남교육의 경쟁력을 제고할 수 있는 일본의 우수 교육 사례 연구 및 사례를 통한 교육 현장 활용 방안 등 |
|---|---|
| 응모 자격 | - 구성인원: 최소 10명 이상으로 구성된 연구팀<br>- 연구팀 구성<br>: 팀장, 컨설턴트(교육전문직 1명), 팀원(교원, 지방공무원 등) |
| 선발팀 수 | - 2팀 |

<2011년 10월 경상남도교육청 학교정책과 공문 내용>

당시 김해교육지원청 관내에는 일본 문부성 파견 근무를 비롯하여 현지 대학원에서 박사학위를 취득하고 두 차례의 한국교육원 원장을 지내는 등 11년간 풍부한 일본 교육현장 경험을 가진 교장 선생님이 계셨다. 교장 선생님께 전화를 드려 논의 후, 문부성 초빙과 사업상 일본 거주 경험, 평소 일본에 대한 관심과 연구 경험

이 있는 교원들로 팀을 구성하여 프로젝트를 시작하게 되었다.

경남초등국제이해교육연구회를 결성하게 되었고 회원 12명과 경상남도교육청 인솔자 1명 등 13명은 2012년 1월 9일(월)~2012년 1월 12일(목) 3박 4일간 동경과 요코하마지역에서 히카시아치 소학교, 동경東京 교원연수센터, 신주쿠 소학교, 미나미요시다 소학교, 카나가와켄 교육센터 등 5곳의 학교나 기관을 방문하여 일본의 인성교육 실태를 반영하여 경상남도교육청의 인성 교육 정책을 제안하기에 이르렀다. 그 결과 2013년 경남 학생생활지도 기본계획(경남교육 2013-051)에 학교폭력 예방과 선진시민의식 함양을 위한 친절한 학생·질서있는 학교가 등장하게 된 것이다. 학생과 학교가 각각 1가지씩의 친절과 질서를 실천하자는 운동이었다.

모든 공문서의 양식과 허가 절차를 중요시하는 일본의 현지 실정을 고려하여 연구과제를 선정한 후 동경 및 요코하마의 현지 한국교육원을 중심으로 기관 섭외를 의뢰하였다. 한 달 남짓의 기간을 통해 서로 연락을 주고받으며 방문 기관과 일정을 협의한 후 현지 기관에 각각 협조 공문을 아래와 같이 발송하고 그 결과를 송부받아 방문 기관을 확정하고 경비 절감의 효과도 얻을 수 있었다.

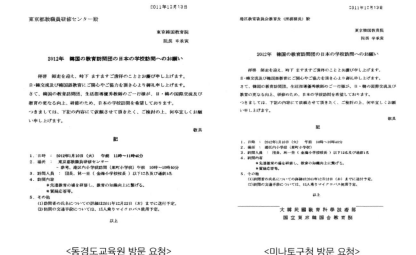

&lt;동경도교육원 방문 요청&gt;      &lt;미나토구청 방문 요청&gt;

당시 필자가 소속된 연구회가 일본 현지에서 본 인성교육의 사례 몇 가지를 들면 아래와 같다.

1. 마음의 노트 쓰기: 문부과학성에서 제작하여 전국의 각 초·중학교에 배부하는 마음의 노트는 윤리 시간 등을 통해 학생들의 인성교육 자료로 활용되고 있음.

2. 이지메(いじめ) 매뉴얼: 문부과학성에서 제작하여 교사들에게 배포하는 자료. 왕따의 발견, 판단, 지도방법, 신고처 등을 기술한 책. 이지메 판단 기준은 문부과학성에서 제시한 기준에 따르며 현재 그 기준을 다시 검토하고 있는데, 각 학교에서는

그 기준과 함께 자체적인 설문을 통해 현황을 파악하고 있음.

3. 하이쿠俳句 교육: 5. 7. 5 음조로 이루어진 일본의 시가인 '하이쿠' 짓기 경연대회를 통해 학생들이 자신들의 꿈을 펼치고 그 꿈을 이루기 위한 의지를 표현하도록 교육하고 있음.

4. 인권동화교육: 인권동화교육(편견을 없애자는 교육)을 담당하는 교사가 각 학교마다 1명씩 있는데, 법무부에서 관할하여 국역마다 연간 7~8회의 연수를 하고 있으며, 인권에 대한 강조로서 인권작문 콘테스트를 개최하고 있음.

5. 학교마다 상담교사 1명씩 배치: 임상전문가의 배치를 통해 상담 및 문제 학생의 생활지도를 전담하거나 담임교사와의 협력 지도를 담당하고 있음.

6. 독서교육 강화: 아침 독서 시간을 통해서 학생들의 심리적인 안정도와 집중도가 향상되고 있다고 함.

7. 다도 교육: 녹차는 감사의 표시이므로 겸손한 마음으로 '먼저 실례하겠습니다.'라고 말한 후에 일정한 격식에 따라 마시게 함. 이를 통해 절제와 예의, 다른 사람에 대한 배려와 감사의 마음을 신장시킴.

8. 다른 학년끼리의 식사와 수업: 유치원 학생과 1학년 학생들이 함께 카드놀이를 하면서 1학년들은 어린 동생을 보살피는 방법을 배우고, 유치원 아동들은 배움에의 동기를 갖도록 하고 있음. 또 평소에는 교실에서 급식을 하지만 정기적으로 다른 학년 학생들과 함께 식당에서 급식을 함으로써 선후배가 친해질 수 있는 기회를 제공.

9. 식농 교육: 씨앗을 뿌리고 길러서 수확하고 먹는 교육인 식농 교육을 통해 자연 친화적인 사고와 생활방식, 그리고 자연을 닮는 마음을 기르고 있음.

# 교장 선생님 고맙습니다[20]

제 인생에서 가장 긴 4분여 시간이었습니다.

지난 3일간의 저 자신에 대한 책망과 심적 고통을 고백합니다.


아무도 뭐라고 한 사람은 없지만

제일 먼저 내 자존심이 상했고 나 자신이 미웠습니다.


2013.12.12. 목요일 오전 11시

1,000여 명의 교장 선생님들을 모시고

2014. 경남교육 정책 설명회가 있었던

창원 CECO.

---

20) 2013.12.14. 필자의 카카오스토리 글을 옮겨 실음.

국기에 대한 맹세가 끝나고

애국가 제창을 위해 엔터키를 치고 난 후

들려오는 음악 소리가 왜 이리도 작은 건지…….


순간 어떻게 할까? 그냥 놔둘까? 온갖 생각이 들었고

키보드에서 볼륨 키를 찾았습니다.

볼륨 키를 누르는 순간 ppt의 애국가 동영상은 멎어 버렸습니다.


순간…… 내 심장도 멎어 버린 것 같았습니다.

쥐구멍에라도 들어가고 싶었습니다.


아무 소리도 들리지 않았습니다.

겨우 정신을 차리고

다음 ppt 화면을 세팅해 놓고


1절이 거의 끝나 갈 무렵에서야 제 귀에

교장 선생님들께서 애국가를 부르시는 소리가 들렸습니다.


어쩜 반주나 지휘자가 있을 때보다도

더 정확히…….


2절이 시작되자

교장 선생님들의 애국가 제창 소리는 더 커졌습니다.

그리고 4절이 끝났습니다.

나라사랑교육은 경상남도교육청의 역점과제입니다.

반주도 지휘자도 없이

애국가 4절까지 완벽하게 불러 주신 교장 선생님들이 계시기에

경남의 나라사랑교육은 성공이라 자위해 봅니다.


교장 선생님! 고맙습니다. 그리고 존경합니다.

# 국세청장 표창장과 병무청에서 온 공문

장학사 직무를 수행하다 보면 학교를 상대로 하거나 교육청 내 직원들과 관련된 업무들은 일반적이지만 시청 등 유관기관과의 협조는 필수다. 하지만 유관기관뿐만 아니라 비영리업체 등에서 하는 협조 요청을 모두 다 받아 주다 보면 본연의 업무를 수행하기 힘든 경우도 종종 있다.

맡은 일이 바쁘다 보면 유관기관과의 협조 일을 하다가 자기 본연의 일이 뒤처지는 경우도 있다. 하지만 한 아이를 키우기 위해서는 마을 전체가 나서야 한다는 말이 있듯이 교육은 학교나 교육청만의 힘으로는 불가하다. 어쩌면 자신의 행동이나 반응 하나하나가 교육(지원)청의 부

제 53599 호

## 표 창 장

경상남도 김해교육지원청
장 학 사  **이 병 만**

귀하는 평소 국민의 납세의식 고취와 국세행정의 발전에 적극적으로 협조하여 선진세정 구현에 기여한 공이 크므로 이에 표창합니다

2012년  3월  5일

국세청장  **이 현**

정적 이미지를 양산할 수도 있어 가능하다면 적극적인 협조 체제를 유지하라고 권하고 싶다.

2011년 김해교육지원청에서 경제교육 관련 업무를 담당할 때의 일이다. 부산지방국세청 산하의 김해세무서와 미래의 납세자인 학생들의 올바른 납세 의식 확립을 위해 세금교육에 적극 협조하였다. 창의적 체험활동과 연계하여 부산지방국세청 청사 내에 마련된 '세미래 홍보관' 초청 교육, 어린이 일일 세무서장, 세무서와 학교와의 자매결연, 학교 방문 세금 교육 등 주로 김해세무서에서 주관하는 행사에 대한 지원이 필자의 주된 역할이었다. '2011년 전국 학생 세금문예작품 및 UCC 공모전'에 31,242건이 응모되었는데 김해세무서 관할에서 전국 최다인 5,535건의 작품을 응모하는 성과를 거둔 것[21]이었다. 필자는 단지 관내 학교에 안내하는 정도로 협조한 것뿐이었다. 그런데 이듬해 납세자의 날 기념식에서 납세 의식 고취와 국세행정 발전 유공 국세청장 표창장과 부상을 받는 영광을 누리게 되었다.

2014년 경상남도교육청 초등교육과에서 독서교육 업무를 담당할 때의 일이다. 경남지방병무청에서 직원이 찾아와 상호협력 방안이 없을지 논의해 왔었는데 우리도 예산이 없었기에 직접적인 도움을 줄 수 없었지만, 방법을 몇 가지 일러 주었다. 며칠 후 담당자인 나를 칭찬하는 공문[22]이 왔다. 말하자면 경남지방병무청장의 표

21) 세정신문(2011.7.21.)
22) 경남지방병무청 사회복무과-4727호. (2014.4.29.)

창장을 받은 셈이다. 그 내용을 소개하면 아래와 같다.

항상 병무행정 업무에 관심을 가지고 협조하여 주시는 귀 기관에 감사드리며, 귀 기관의 무궁한 발전을 기원드립니다.

경남지방병무청에서는 경남 관내에 복무 중인 사회복무요원에게 삶의 지침서로 활용할 수 있는 책을 증정하여 희망의 메시지를 전달하고자 '책 나눔·희망 더하기 운동(BOOK+ HOPE+)'을 추진하고 있습니다.

병역의무자에게 행복을 주기 위해 발굴한 문화 콘텐츠 행사인 '책 나눔·희망 더하기 운동'에 귀 기관의 독서운동과 연계할 수 있는 방안을 모색하던 중 귀 기관의 적극적인 협조(초등교육과 이병만 장학사 등)로 인해 한국출판문화산업진흥원으로부터 도서 400여 권을 기증받아 'BOOK+ HOPE+ 운동'에 더욱 박차를 가할수 있게 되었습니다.

앞으로도 병무행정 업무에 적극적인 지지와 협조를 부탁드리며, 병역의무 이행자에 대한 귀 기관의 계속적인 관심 또한 부탁드립니다. 우리 청에서도 미래의 병역의무자인 학생들을 위한 방안 마련 및 독서 인구 저변 확대를 위해서 최선의 노력을 기울이겠습니다.

# 교육부장관과 함께하는
# 행복교육 공감토크

 

장학사 업무를 수행하다 보면 행사를 많이 치르게 된다. 선생님들이나 교육청 내부 직원을 대상으로 하는 행사뿐만 아니라 학생, 학부모, 외부인사 등 행사의 종류와 방식도 다양하다.

교육감을 모시고 진행하는 것도 그렇지만 교육부장관을 모시고 행사를 진행해 본 경험을 갖는다는 것은 드물 것이다. 서남수 교육부장관이 취임하고 교육부 홍보담당부서에서 전국 시·도교육청 홍보담당과장회의를 소집하였다.

당시에 필자가 근무하던 기획홍보담당관에서는 사무관이 홍보담당을 맡고 있었고 교육부 회의에 홍보담당 사무관이 다녀왔다. 교육부 회의를 다녀온 사무관이 회의에 참석해 보니 내용으로 봐서 홍보담당보다는 정책담당에서 맡아 추진하는 것이 효율적이겠다고 하며 나더러 '교육부장관과 함께하는 공감토크' 업무를 맡아 달라 하였다.

"어차피 해야 할 일이라면 지금 하고, 내가 하고, 잘하자." 필자의 평소 소신이다. 김00 장학관, 손00, 차00, 강00 장학사 등 네 분과 함께 힘을 합쳐 열심히 준비하였고, 교육부장관 방문 행사를 성황리에 마쳤다.

<경남신문 2013.5.14.>

# 사진관 아저씨의 콩도장[23]

장학사로 근무하고 있어서인지 가끔씩 후배들이 나더러 어떻게
해서 장학직에 들어가게 됐냐는 질문을 하고는 한다. 누구에게나
삶을 살아가면서 만나는 터닝포인트가 있을 것이다. 그리 많지 않
은 나이지만 나에게도 전환점이 된 일이나 인연들이 여러 가지 있
다. 그중의 하나가 사진이다. 대학 시절 무언가에 이끌리듯 사진에
관심이 생겼다. 자연스레 사진관 출입도 잦았고 그렇게 인연이 된
분이 모교 정문 인근에 있는 무궁화 사진관 사장님이다.

요즘이야 디지털 카메라가 일반화되어 찍은 사진을 바로바로 확
인할 수 있지만 20여 년 전에는 사진관에 필름 현상을 맡기고 하
루, 또 인화를 맡기고 하루를 지내야지 사진을 볼 수 있었다. 어쩜
수험생이 시험 결과를 기다리는 심정으로……

---

23) 「두류人두류IN」, 진주교육대학교동창회지 53호, p.36.

사진관에 가면 정성스레 찍은 사진을 본다는 설렘뿐만 아니라 사장님께서 주시는 따뜻한 커피 한잔의 감동이 있었다. 때로는 사진 촬영 기술과 인화하는 비법도 하나씩 전수해 주셨다. 졸업 이후에도 가끔씩 무궁화 사진관을 찾는다. 대학 시절 얘기도 하면서 궁금했던 동기나 선후배들의 소식을 전해 들을 수 있어 좋다.

이런 연으로 교직에 발령받고서도 계속 사진 활동을 해왔다. 교원예능연구대회에도 나가보고, 사진 동아리 활동도 하다 보니 남들이 날 '사진인'이라 여겼다. 이게 장학 자료나 교과서 집필 위원으로 참여하게 된 계기가 되었다.

좋은 사람의 요건에는 여러 가지가 있겠으나 배려심을 가진 사람이나 타인의 이름을 기억해 주는 분들이 아닐까 생각한다. 그런 분이 무궁화 사진관 사장님이다.

학생 시절 사진관을 찾으면 "병만 씨!"라고 불러 주셨고 졸업한 이후에는 "이 선생님!" 하고 불러 주신다. 학창 시절에는 물론이고 지금도 만나거나 전화를 드리면 이름을 기억해 주시고 반가이 맞아 주신다.

대학 졸업을 앞두고 교원임용시험에 합격하고는 합격자 등록 서류에 들어갈 증명사진을 찍으러 사진관엘 갔었다. 사장님께서는 교사로 발령받으면 필요할 거라며 콩도장을 서비스로 새겨 주셨다. 그때의 증명사진이 지금은 없어졌지만 덤으로 주신 콩도장은 아직도 내 책상 서랍을 지키고 있다. 당시 학생 신분의 나로서는 도장의 중요성이나 필요성을 전혀 느끼지 못했었는데 교사로 발령받은 후 각종 서류에 도장을 찍으며 사진관 아저씨를 떠올리게 된다.

　사진업도 영업이지만 장사꾼보다는 예술가에 가까운 분이셨다는 생각이 머리를 스친다. 불현듯 무궁화 사진관 사장님께 전화를 하고 싶어지는 오후다.

# 벽지학교에 근무했는데
# 벽지학교가 아니다?

　승진·자격연수 후보자 평정은 경력, 근무성적, 연수성적, 가산점 등 4가지 요소를 평정하게 된다. 몇 년 전 교감 자격연수 대상자 서류를 검토하는 과정에서 경남 A지역의 B교사가 도서·벽지학교 근무 경력이 없는데 도서·벽지학교 근무실적을 선택가산점으로 제출한 것이었다. 도교육청에서는 해당 실적을 인정할 수 없다고 통보하였고 당사자인 B교사는 A교육지원청 교육공무원 인사관리기준에 C학교의 급지가 '벽지 라'라고 되어 있는데 왜 인정을 해 주지 않느냐며 민원을 제기하였다.

　사정은 이렇다. 당시 A교육지원청에서 C학교가 교통도 불편하고 환경적 여건도 열악하여 C학교를 도서·벽지학교로 지정해 주고 C학교 근무 교원에게 도서벽지수당도 지급해 줄 것을 요청하는 공문을 도교육청으로 보냈다. 경상남도교육청 담당부서에서는 교육부에 관련 규칙을 개정하여 C학교를 도서·벽지학교에 포함시켜 달라고 공문으로 요청하였으나 회신은 받지 않은 상태였고, 수당을 담당하는 경상남도교육청 관련 부서에서는 관련 자료 검토 후 관련 조례 개정과 벽지수당 지급을 약속하는 내용으로 A교육지원청에 회신하였다. 도교육청의 답신을 받은 A교육지원청에서는 익년도 교육공무원 인사관리기준을 수립하며 C학교의 급지를 '벽지 라'로 지정하게 되었고, 이후 관내 교사들은 희망 내신을 내고 높은 경쟁률을 뚫고서 기쁜 마음으로 C학교로 전입하여 근무를 하게 된 것이었다.

도서·벽지학교에 근무하게 되면 승진이나 자격연수 평정 시 가산점을 부여받을 수 있고, 도서벽지수당(급지에 따라 월 30,000~60,000원 차등지급)도 지급받을 수 있다. 이는 '도서·벽지 교육진흥법 시행규칙[교육부령]'과 '경상남도교육감 소속 공무원 특수지근무수당 지급 대상 기관과 등급에 관한 조례[경상남도조례]'에 근거한다. 즉 교원 인사와 관련된 부분은 교육부 소관의 규칙에 따라야 하고, 벽지수당에 관한 부분은 경상남도의회의 심의를 거쳐야 하는 것이다. 도서·벽지학교에 근무한 교원이 인사상의 혜택을 보기 위해서는 교육부 소관의 '도서·벽지 교육진흥법 시행규칙' 제2조(도서·벽지지역과 등급별 구분)에 규정한 도서·벽지의 지역과 그 등급별 구분표에 해당 학교가 등재되어 있어야 한다. 또 도교육청에서 발간하는 '교육공무원 평정업무 처리요령'의 도서·벽지학교 현황에 해당 학교가 포함되어 있어야 한다.

도교육청 담당 부서에서 교육부로 발송했던 관련 규칙 개정을 요청하는 공문을 근거로 교육부와 실랑이를 벌였고, 행정기관의 잘못으로 인해 선생님들에게 피해를 줘서는 안된다는 결론에 도달하여 소급 적용하여 피해자가 구제될 수 있었기에 망정이지 하마터면 큰일 날 뻔한 일이 아닐 수 없다. 자칫했으면 B교사는 몇 년간 교감 승진을 하지 못하거나 늦어질 수 밖에 없었을 것이다. 도서·벽지 교육진흥법 시행규칙 제2조를 살펴보면 C학교의 이름을 찾을 수 있어 다행이다. 장학사가 법이나 규정을 잘 알아야 하는 이유를 말해 주는 좋은 사례다.

# 의령경찰서 직원들을 칭찬해 주십시오[24]

저는 창원교육지원청 이병만 장학사라고 합니다.

10.23(금)~10.24(토) 기간 의령 지역 내 수련시설에서 다문화 가족사랑 캠프를 진행하였습니다.

캠프 진행 도중 캠프에 참가한 다문화 여성분이 주취 상태에서 몰래 사라져 실종 신고를 하고 도움을 요청하였는데

23일 밤 11시경부터 24일 새벽 3시까지

또 24일 새벽 5시경부터 실종자를 찾은 8시경까지

무려 8시간 동안이나

---

24)  경남지방경찰청 청장과의 대화. (2015.10.26.)

서장님 이하 수사과장님, 중부지구대 직원들께 너무나도 고맙고 감사한 마음을 전합니다.

특히 수사과장님의 현장 지휘 하에
수색 등 실종자 찾기는 주도면밀하게 이루어졌으며

기동타격대원, 본청 및 중부지구대 형사님들 그리고 유관기관과의 긴밀한 협조로 119대원까지 동원된 밤샘 수색과 탐문 수사 활동의 결과로 실종자를 조기에 찾을 수 있었고 원만히 해결되었기에 감사드립니다.

당일 날씨가 추웠기에 불상사가 있으면 어떻게 할까 노심초사하였는데 직원 분들께서
시민의 생명을 지키고자 하는 강한 사명감으로 헌신적으로 수색에 임해 주셔서 너무 고마웠습니다.

개인정보와 보안상 문제가 있어 소상히 밝히지 못하는 점 이해해 주시고예.

경남경찰청장님! 의령경찰서 직원 분들 너무 수고 많으셨습니다. 많이 많이 칭찬해 주셔요.

# 세 분의 교육감님

경상남도교육청에서 근무한 5년 6개월 중 6개월을 제외하고는 정책기획관[25]에 근무하다 보니 우연히 세 분의 교육감님을 지근거리에서 모실 수 있는 기회가 많았다. 비서실의 역할이 손님 접대나 일정 관리 등에 국한되어 있는 반면 교육철학을 정책으로 승화시키는 일은 정책담당의 몫이었다. 도교육청에서 장학사로 근무하면서 교육감님 세 분을 모신 경험을 가진 장학사도 드물 것이다.

제14대 권정호 교육감은 교육자다운 교육감이다. 친환경무상급식, 덕성교육 등 큰 틀에서 교육의 본질을 바꾸려 하셨던 분으로 기억된다. 2013년 2월에 출범한 현 정부의 교육 정책 기본 방향이 '행복교육'인데 2007년에 '행복교육'을 주창하셨고 또 작금의 교육 이슈가 된 '무상급식'을 당시 전국 16개 시·도 교육청에서 처음으로

---

25) 조직 개편으로 인하여 '기획예산과→교육정책담당관→기획공보담당관→기획홍보담당관→정책기획관'으로 부서명이 변경됨.

도입한 것을 보면 시대를 앞서간 교육감이 아닌가 싶다. 늘 하신 말씀이 '천문은 지리만 못하고, 지리는 인화만 못하다.'고 하시며 직원 간의 인화를 강조하시고, '학생이 행복한 교육'을 표방하시는 등 큰 틀에서 경남교육을 바꾸려 하셨다. 초대 주민직선 교육감으로서 기숙형 공립 대안학교인 태봉고등학교를 설립한 것이나 국민권익위원회 주관 청렴도 평가에서 내부청렴도 전국 1위를 달성한 것 등은 부인하기 어려운 치적이다. 하지만 짧은 재직 기간이 아쉬움으로 남는다.

제15대 고영진 교육감은 교육 CEO다. 정치적 감각과 행정가의 감각이 남다른 것 같았다. '위안부 강제 동원 증거를 한국이 찾아라'는 하시모토 일본 오사카 시장의 망언을 듣고 분개하시며 김복득 할머니를 찾아뵙고 '역사를 잊으면 나라를 잃는다'는 캐치프레이즈로 경상남도교육청을 위안부 및 역사교육의 메카로 만든 점이 그러하다. 우연히 TV에서 본 아시아의 빌게이츠, 스티브 김을 경남미래교육재단 이사로 영입하는 등 어떤 사람을 두서너 번 만난 후 경남미래교육재단에 억대의 기부금을 출연토록 하는 것을 보면 참 대단하셨다. 또 '노래하는 학교, 운동하는 학교, 책 읽는 학교'를 추진하며 전인교육에 힘쓰고 SKY대학 보내는 것보다 학업중단 예방에 적극 노력하였다. 종종 모임이 있을 때는 참석자들 모두가 돌아가며 1분 스피치하는 것을 좋아하셨는데 짧은 시간에 말하는 것을 보며 그 사람의 능력을 판단하는 안목이 뛰어나셨다. 다른 사람의 말을 듣고 요약정리도 잘하신 분으로 기억된다.

제16대 박종훈 교육감은 민주적이고 개방적인 리더십을 가진 분이다. 처음 부임해 오시며 교육감 집무실의 문을 열어 놓고 집무를 보셔서 의아했던 기억이 있다. 결재를 가면 옆자리에 앉으라고 하시고 당신께서 잘 모르시는 부분이 있으면 솔직하게 물으시기도 하고 교육감으로서 도와줄 게 뭐가 있느냐 말씀하시는 등 따뜻한 카리스마를 지닌 분이라 평하고 싶다. 수평적 리더십을 가진 분이라 대화하고 토론하는 것을 즐겨 하셔서인지 토론이나 언론 인터뷰에도 강하다. 과거의 경남교육 수장들이 약간의 언론 노이로제가 있었던 것과는 대비된다. 65년 만에 진보적 성향을 가진 교육감으로 행복학교, 민주적 학교문화 조성, 배움중심 수업, 교원업무경감 등 그간의 관행에서 벗어나 새로운 경남교육을 위한 다양한 사업을 추진하고 있다. 경상남도교육위원회 교육위원으로 재직 시에 송곳 질문의 대명사였던 만큼 교육 문제에 대한 예리한 통찰력을 가진 분이기도 하다.

# 교육기부 활성화를 위한 몇 가지 제안[26]

## 1. 시작하며

- 창의적 체험활동의 도입으로 지난해부터 교육기부에 관심 고조.

- 교과부, 2011년도 주요정책 과제 중 하나로 '교육기부 활성화'.

- 경상남도교육청, 2012년 역점과제 중의 하나로 '교육기부 활성화' 추진 계획.

## 2. 대상별 전략

가. 교육기부를 몸과 마음으로 실천하고 있는 그룹(인증)

1) 교육기부 인증시스템 마련

- 교육기부 참여자(특히 대학생 등)에 대한 사회적 격려 문화와 인증 시스템을 운영하고 취업 등 실질적으로 혜택이 돌아갈 수 있도록 민관 협력 시스템.

---

26) 한국교육개발원 주관 '2011 교육 정책네트워크 토론회'(2011.11.17. 경남교육연구정보원 종합강의실) 원고를 옮겨 실음.

- 객관적이고 투명한 인증기준과 프로세스를 마련하고, 대학의 경우 봉사활동, 학점 인정 그리고 졸업 요건 등과 연계·운영, 대학정보공시 항목에 포함 등.

2) 교육기부 인증제 실효성 높일 방안
- 인증에만 그치지 말고 중앙정부 및 도교육청 차원에서 우수 기관이나 개인을 연말에 동시 발표함으로써 시너지 효과 극대화.
- 학교운영위원회 연합회장 명의로 인증제를 마련하는 등 표(유권자)의 힘을 보여줌으로써 지자체장의 적극적인 협조를 이끌어내는 방안.

나. 마음은 있지만 실천이 따라 주지 않는 그룹(유인)

1) 재정지원 사업 검토
- 현재 이루어지는 교육기부 활동이 보다 효과적으로 수행되도록 지원하거나, 잠재적인 교육기부 희망자들을 유인하여 참여하도록 함으로써 교육기부가 지속가능한 문화로 자리 잡을 수 있게 국가 차원의 재정지원 사업 검토 필요.

2) 캠페인 및 행사를 통한 참여 분위기 조성
- 언론기관과 연계·협력하여 교육기부 캠페인, 교육기부 홍보대사 위촉 등.

3) 교육기부 유공자 발굴 및 포상(개인, 단체)

4) 교육기부 소식지 발간 및 우수 사례 홍보

다. 몸과 마음이 전혀 없는 그룹(교육)

　1) 교육기부에 대한 인식(마인드) 변화

　　- 모든 것을 내놓는 것이 아닌 일부만 기부하면 정부(교육청)에서 채워
서 완성.

　　- 지금까지의 기부란 개념은 자선사업이나 공공사업을 위해 돈이나
물건을 대가 없이 내놓는 것으로 생각. 평생 모은 돈을 대학에 내놓
았다는 식으로 큰마음을 먹어야 하는 것으로 인식.

　　- 현재는 관심 있는 몇몇 기관이나 교육기관 외에는 잘 알지 못하므
로, 교육기부에 대한 취지 및 내용에 대하여 대국민 홍보 활동 필요.

　　- 번화가 LED광고, 버스 옆면 광고 등 다양한 방법을 통한 교육기부
홍보.

---

**사례**

김씨가 살던 서울 고시원 방은 28일 기자가 찾았을 때 한낮인데도 전등 스위치를
찾기 어려울 정도로 어두웠다. 김씨가 세상과 교류한 흔적은 김 씨가 후원했던
아동들의 증명사진이 들어 있는 액자뿐이었다. 방에 남아 있는 김 씨의 통장에는
20일 어린이재단 앞으로 후원금 3만 원을 송금한 기록이 있었다. 김씨의 마지막
기부였다.

출처: 동아일보, 2011.9.29.

---

　2) 가정과 학교에서 기부를 교육하자

　　- 개인 돈 1억 원 이상 기부한 '아너소사이어티' 회원인 홍명보 감독의
아내 조수미 씨는 "기부는 학원보다 더 좋은, 최고의 자식 교육"이라
말함.

- 기부도 선순환한다. 아너소사이어티 회원(49명) 중 부모에게 기부를 배웠다고 응답(48.98%). 혜택받은 사람이 나누고, 나눠 받은 만큼 다른 이들에게 되돌려 갚는 '기부 선순환善循還'의 중심엔 가족이 있다.
- 투자금융회사 '오션인더블유'의 원영식 회장. 노점상 밥 주던 어머니 창피했는데…세상 지키는 힘, 거기 있었다.

## 3. 교육 주체별 전략

가. 교과부 및 중앙정부

1) 기업 활용

- 이공계 진학률 감소로 미래에는 기업들이 필요로 하는 인재 확보 애로 예상.
- 기업 소유의 공장을 학습현장으로 개방하는 것 자체가 큰 교육기부.

2) 대학 재정 확충 위한 기부보험

- 일정액의 보험에 가입한 뒤 사망 시 보험금을 대학발전기금으로 기부.
- 2005년 11월 서울대가 처음 시작한 이후 방통대, 인하대, 성결대 등.

3) 통치자의 솔선수범

- 사회지도층이 월급의 일정 금액을 교육기부 한다면.

---

**사례**

- 사회 지도층이 재산의 5%를 기부해 '공생 발전 선진화기금'을 조성하자.
- 공생기금의 50%는 일자리 창출 등의 국가 성장잠재력을 확충해 가는 데 사용하고, 나머지 50%는 보육과 복지, 교육 등 사회 안전망을 구축·확충.

출처: 안경률 국회의원, 2011.10.11. 국회 정치 분야 대정부 질문

---

4) 기부 단체의 품질관리

    - 봉사활동 단체의 이름을 내걸고 교재비 받는 경우.

    - 교육기부 단체의 법적 지위 확보. 장학재단 형태 기부금 3억이라는 기준 맞추기 어렵고, 교육법인은 교과부 인가를 받아야 하는데 연구밖에 할 수 없음. 비영리 민간단체와 사단법인의 중간 성격을 띠는 단체 설립 필요.

5) 인센티브

    - 교육기부 활동에 자긍심을 느낄 수 있도록 다양한 인센티브 방안 강구.

    - 교육기부를 하는 개인이나 단체를 종합 관리해 시너지를 낼 수 있는 방안 강구.

    - 기부촉진 세제지원, 기부연금 도입 등 종합적인 나눔 문화 활성화 대책.

6) 기부 테마공원 조성

    - 서울 용산 미군기지에 들어설 용산공원 내에 나눔공원 조성 방안 검토 중.

    - 기부천사들의 삶을 조명하는 '명예의 전당'이나 체험학습을 위한 '나눔장터' 등을 만들어 시민이 자연스럽게 기부문화를 접하도록 해야.

7) 인적 기부자에 대한 자질 검증 역할 필요

    - 대학생 멘토링의 경우에도 검증 이후에 활용.

    - 교육기부자에 대한 학생들의 이해와 가르침에 대한 연수.

8) 공익 목적 국가소유 콘텐츠 공개

- 저작권법에서 허용하고 있는 학교 및 교육기관에서의 저작재산권의 제한 조항을 인증된 교육봉사자에게도 허용할 필요.
- 교육 기부자들이 가진 양질의 교육 콘텐츠 수집, 저작권 준수 등에 대한 부담을 줄여 줄 경우 교육봉사를 크게 활성화할 수 있을 것.

나. 도교육청, 직속기관 및 지역교육청

1) 전담부서 지정 및 인력 확충

2) 백일야화 프로젝트

- 진학·진로지도와 연계하여 경남의 CEO들이 백일야화를 꽃피워 본다면.

**사례**

- 교과부와 SERI가 공동 주최. 100명(百)의 경영자들이 하루(日) 시간을 내 직장이 아닌 현장(학교·野)으로 찾아가 자신의 인생 경험과 성공 스토리를 들려준다(話)는 뜻.
- 주요 기업의 전·현직 CEO와 임원, 고위공직자, 교수 등이 학생들에게 무형자산인 '삶의 지혜'를 제공하는 교육기부 활동.

출처: 한국경제신문, 2011.10.11.

3) 교육기부 활용 사례 공유

- 각급 학교에서 교육기부를 통해 이루어진 학교 밖 학습자원의 성공적 활용 사례를 수집하여 각 학교가 공유하고 우수한 사례가 확산될 수 있도록 지원.

- 교육청 차원의 워크숍, 박람회, 학교 담당자 연수 등.

4) 조직 내·외부 교육기부활성화 투트랙 전략

- 교육기부 기관이나 단체뿐만 아니라 교직원 중 기부 우수자 발굴·
표창.

---

**사례**

- 국방부, 가수 싸이 재능기부자 선정: 가수 싸이와 성균관의대 한덕현 교수, 군에
대한 재능기부자로 선정, 포상.
- 육군 39사단의 이희제 중령 등 군의 사회공헌 우수자로 선정, 포상.

출처: 동아일보, 2011.10.27.

---

5) 교육기부 우수사례 인정도서 수록

- 정규 교과서에 '기부천사'들의 나눔 사례를 수록하는 방안 추진.
- '철가방 천사'로 알려진 중국음식 배달원 고故 김우수 씨나 가수 김
장훈 씨 같은 국내 기부 실천가는 물론이고 빌 게이츠 등 외국 자선
활동가 포함.

6) 교육 콘텐츠 등 무형자산 기부 활성화

- IT 발달로 교육 저작물과 학습 프로그램 및 콘텐츠 기부 확대 가능성.
- 무형자산 기부와 관련된 법적 이해가 미흡하고 이를 지원하는 체제
가 마련되어 있지 않아 원활한 기부행위가 이루어지지 않고 있음.
- KERIS의 협조로 경남교육연구정보원과 같은 전문기관을 무형자산
기부 지원센터로 운영하는 방안 검토 필요.

7) 언론사 활용 홍보극대화

- 현재 진행 중인 경남신문(교육박람회), 경남도민일보(e-NIE), 창원
  MBC(범도민독서운동), 경남일보(창의력대회) 등 언론사와의 협력 사업
  을 지속적으로 진행하고 다양한 사례와 연계 및 홍보효과 극대화.

> **사례**
>
> - 동아일보 '친구야! 문화예술과 놀자'청소년 문화예술교육프로그램 운영
> - 전북 김제지역 청소년들이 성악의 기본 자세와 합창, 오페라 아리라 등을 8주 동안
>   배운 뒤 오페라 공연
>
> 출처: 동아일보, 2011.11.1.

8) 교육기부 자원 연계 제공

- 지역교육원청과 시·도교육청은 지역사회와 다양한 채널을 구성하고
  기업, 대학, 전문 인사 등과 MOU 등 유기적으로 연계·협력하여 교육
  기부 자원을 체계적으로 확보하고, 학교에 제공할 필요.
- 2011.7.1. 개통 운영 중인 E-나누미 홍보 및 적극적 활용 필요.

9) '제휴' 업체를 활용한 간접기부

- 기존 MOU 기관(단체) 적극 활용.

> **사례**
>
> - 한국도로공사와 대한적십자사는 지난 2월 설 연휴부터 전국 모든 고속도로
>   휴게소에서 소아암, 백혈병 환자를 돕기 위한 사랑의 헌혈증 수집 캠페인 진행 중.
> - 헌혈증 기부 시 휴게소 무료 식사권 제공 등 헌혈을 통한 기업의 사회적 책임을 다해
>   오고 있음.

다. 단위학교

　1) 적극적 발굴 노력

　　- 교육기부 활성화를 위해서는 학교 차원의 노력 요구. 학교 교육 과정
　　　에서 교육기부 수요를 적극 발굴하고, 이를 확보하기 위한 노력 필요.

　　- 교육재원 유치노력과 더불어 교육기부를 적극 유치하여 교육의 질
　　　적 수준을 높이고, 창의·인성교육을 실현해 갈 필요.

　　- 도의원, 시의원, 학교운영위원 등 적극 활용하여, 단위학교 차원의
　　　적극적인 세일즈 노력이 필요할 때.

　2) 다양한 정보 제공

　　- 학교 차원에서 학교 인근의 교육기부 기관과 프로그램에 대한 정보
　　　를 체계적으로 교사, 학생, 학부모에게 제공할 필요가 있음.

　　- 방과후학교부장과 같은 프로그램 정보 수집 및 안내 전문가가 필
　　　요함.

　　- 학교 밖 교육기부 활동과 학생을 단순히 연계하는 것만으로는 부족
　　　하며, 교육기부에 따른 학습활동에 참여하는 것이 실질적인 교육적
　　　효과로 나타날 수 있도록 학교와 교사가 노력할 필요가 있음.

　　- 학교운영위원회, 학부모회를 통한 인적·물적 자원 확보.

　　- 학교 홈페이지를 통한 홍보 및 교육기부 자원 확보 관리.

## 4. 교육기부 활성화를 위한 고려 사항

　가. 교육기부 인프라가 부족한 농산어촌 소외 및 친 대기업 정서 조장 우려.

나. 교육기부자들은 학생들이 실험 대상이 아니다는 점을 명심해야 하고, 교육기부자들의 기본적 윤리규정 제시.

다. 교육기부가 사회적으로 많이 확산되기까지 일정 정도 실비 지원이 필요.

라. 정규 교육 과정과 연계된 교육기부 프로그램에 중점을 두고, 학교 교육으로 경험하기 어려운 체험 및 실험·실습 중심 프로그램 개발.

마. 교육기부 주체와 학교가 공동으로 참여할 수 있는 프로그램 개발 및 교육기부 주체의 전문성이 발휘되도록 맞춤형으로 개발.

## 5. 마무리하며

가. 기부천사 고故 김우수 씨의 선행을 보면서 나눔이라는 것은 교육기부도 여유에서 나오는 것이 아니라 마음에서 나오는 것.

나. 흔히 농담으로 공부와 아부는 평소에 하는 것이고, 여유와 시간이 많아야 할 수 있는 것은 아님.

다. 차제에 불기 시작한 교육기부가 지속되어 사회적 운동을 넘어 문화로 자리 잡고 효과를 거두려면 잘 꿰어 보배로 만들려는 노력이 필요.

## 6. 참고문헌 및 사이트

- 교육과학기술부(2011), 미래교육공동체포럼자료집(2011.7.6.)
- 한국교육개발원(2010), 교육개발 2010 가을호
- 나눔뉴스(http://nanumnews.com)

# 학력 향상을 위한
# 온·오프라인 교수·학습 방안[27]

## 1. 수업 장학

가. 교육 과정 컨설팅그룹 공개수업

1) 목표: 교사의 교수·학습 방법 개선을 통하여 수업 기술 향상을 꾀한다.

2) 대상: 교과별 시범수업 교사

3) 추진내용

가) 교육 과정 그룹은 특정 요일에 교과별 팀장을 중심으로 16:00~
16:30까지 각 교과 연구실에서 교실현장의 문제를 도출하여 해결
방안을 모색한다.

나) 교육 과정 그룹은 공개수업에 있어 수업컨설팅을 실시하여 '선 협
의 후 수업'의 절차를 거침으로써 공동 사고에 의해 교수·학습활동
을 지원한다.

---

27) 경상남도김해교육지원청 재직 시(2010.9.1.~2012.2.28.) 학력 향상 방안으로 제출했던 원고를 옮겨
실음.

다) 교육 과정 그룹은 동 교과를 중심으로 교재분석 및 수업모형 선정 적용 교수·학습 과정안 작성 연구, 교수·학습자료 준비 및 제작 등에 대한 연구를 한다.

라) 교육 과정 운영실을 개설하여 각 교과별 연수활동 결과를 발표하고 적용할 부분과 개선해야 할 부분에 대해서 의견을 교환한다.

나. 학부모 공개수업

1) 목표: 학부모와 지역인들의 참여를 도모하여 교육공동체 의식을 고취시키고 교육에 대한 이해의 폭을 넓히고 신뢰를 가지게 한다.

2) 대상: 학부모, 교장, 교감

3) 추진내용: 전 교사 수업공개를 원칙으로 하며, 사전에 안내장을 발송하여 운영에 만전을 기하고, 수업공개에 따른 계획은 동학년별로 수립한다.

## 2. 학습관리 능력을 신장을 위한 활동

가. 100칸 계산법 지도를 통한 수학 계산 능력 향상

1) 대상: 4학년 학생과 담임교사

2) 운영 내용 및 결과

- 주 1회 사칙연산(덧셈, 뺄셈, 곱셈, 나눗셈) 100칸 계산법을 해결하고 기록표에 기록한다.

나. 단원 정리 학습의 필수 이행

1) 시기: 각 교과별 단원별 정리 차시

2) 대상: 4~6학년 담임 및 학생

3) 운영 내용 및 결과

가) 교사는 하루 전 단원 필수학습요소의 학업성취 도달 여부 평가 문항지 준비

나) 단원 정리차시에 단원평가 실시(10분 정도)

다) 학생상호 채점에 의한 필수학습요소 도달 여부를 분석 확인(5분 정도)

라) 보충 또는 심화학습 전개(백점만들기 노트도 활용 가능)한다.

다. 「학습일기」 쓰기 지도

1) 대상: 5~6학년 학생과 담임

2) 운영 내용 및 결과

가) 그날 새롭게 알게 된 개념과 원리, 새로 정리된 지식을 기록한다.

나) 학생 개인별 학습일기 노트를 준비하여 1일 1사례 이상 기록한다.

다) 학습일기 노트는 생활일기와 병행하여 활용한다.

라. 재미있는 일주일 숙제

1) 대상: 3학년

2) 운영 내용 및 결과

가) 교사와 학생의 협의를 통해 일주일 동안에 해야 할 숙제 결정한다.

나) 매주 월요일 숙제 제시를 한다.

다) 학생들은 계획을 세워 일주일 동안 해결한다.

라) 그날 공부한 내용을 일상생활과 관련하여 숙제로 제시하는 방법
　　도 사용

마. △△초 학력자람이상 운영

1) 운영 목적

△△초등학교 학생들의 학력 향상을 높이고자 꾸준히 성적이 향상되
어 가고 있는 학생들에게 △△초자람이상을 시상하여 공부에 흥미를
잃지 않고 열심히 하고자 하는 동기를 부여한다.

2) 운영 내용

가) 기준평가: 1학기 중간학력평가(처음)

나) 비교평가: 1학기 학기말학력평가, 2학기 중간학력평가, 2학기 학
　　기말학력평가(전체 3회)

　　- 기준평가는 순차적으로 1학기 중간학력평가에서 1학기 학기말
　　　학력평가, 2학기 중간학력평가로 바뀐다.

　　- 기준평가 보다 비교평가의 점수가 많이 올랐을 때 확인 체크한다.

다) 자람이 점수: 기준점수는 평균점수가 10점 이상 올랐을 때를 기준
　　으로 한다.

라) ▽▽자람이 선정 기록표를 학년별로 작성하여 시상 참고자료로
　　활용한다.

마) 전체 시험점수를 집계한 후 학년별로 ▽▽자람이에 해당되는 학
　　생들에게 시상을 한다.

바) ◇◇학력자람이의 실시 취지를 학교신문과 학교홈페이지를 활용

하여 널리 학생들과 학부모님들에게 홍보하고 학력자람이 어린이 시상명단을 학교신문에 게재한다.

바. 특별실을 활용한 수업지원 및 학력 향상

1) 영어체험 센터 구축(어학실)

가) 필요성

등학교 학생들의 자연스럽고 적극적으로 수업에 참여할 수 있는 환경 조성이 필요하다. 이를 위해 우선 아이들이 어학실에 들어가서 활동을 통한 공부를 하고 싶은 욕구를 불러일으킬 필요가 있다. 이에 본교에서는 학교 자체 예산의 1200만 원으로 아이들이 영어 공부를 효과적으로 할 수 있는 학습 환경을 조성하고자 노력한다.

나) 시설구축

– 사다리꼴책상, 육각형, 직사각형 책상 등을 배치하여 자리의 이동이 용이하고 부드러운 분위기가 연출되도록 자리를 배치한다. 이러한 책상 활용으로 이동이 용이하고 다양한 활동(게임, 노래, 챈트, 역할놀이 등)이 동시에 가능하도록 한다.

– 뒷문쪽 입구에서부터 BANK→HOTEL→MART→RESTAURANT 으로 이어지는 영어체험시설 구축으로 아이들이 어학실에 들어서는 순간부터 마치 외국에 와 있는 듯한 느낌을 주어 학습 시작부터 한국어와 구별되는 외국어라는 이질적인 느낌을 감소시키며 자연스러운 영어로의 발화 촉진을 도모한다.

– 학습 자료를 효과적으로 넣을 수 있는 책장을 구비한다.

- 생활 속 영어 표현이 담긴 롤 스크린을 통하여 생활영어 지도에
도 만전을 기하도록 한다.

다) 기대 효과

개정 교육 과정의 초등학교 영어의 성격에 비추어 학생의 흥미를
유발하고, 학생들의 감각과 경험에 맞는 내용을 중심으로 게임, 놀
이, 역할극, 노래, 챈트 등의 방법을 많이 사용할 수 있는 어학실을
조성하여 효과적인 학습이 이루어질 것이다. 더불어 학생들이 영
어체험시설을 활용하여 어학실에 들어서는 순간부터 심리적 장벽
을 없앰으로 가장 큰 문제인 자신감을 회복하고 친근함을 느낌으
로써 회화능력의 발전을 이룰 것이다. 또한 어학실로 구성되었으
나, 개방형의 형태로 평소 때는 영어수업으로 그 외에는 영어 체험
실이나 다른 교과와 병행하여 활용이 가능할 것이다.

2) 알뜰이방 운영(학습자료준비실)

가) 필요성: 학교 주변에 문구점이 없어 불편한 점을 해소하기 위함과
경제에 관심을 갖고 구입해야 할 학용품 알고, 학급에 게시되어 있
는 알뜰이방의 품목을 확인하고 통장의 잔액을 확인한 후, 알뜰이
방에 가서 학용품을 구입함으로써 학생들은 물건을 아껴 쓰고, 합
리적인 소비습관을 길러 주게 된다.

나) 운영방침

① 알뜰이방에 비치된 물품의 종류

- 살 수 있는 학용품.

- 빌려주는 학용품(자, 가위, 교과서 등, 재활용품 포함)

- 선생님 수업자료(연구대회 참가 및 수업하면서 만들어진 학습자료)

② 알뜰이방 운영 협조: 담당자, 학부모 도우미 2명

③ 학습준비물 구입에서 진열까지

- 교과서를 분석하여 필요한 학습자료를 교사로부터,

- 학생의 필요한 학습용품은 학생의 의견을 수렴하고,

- 학년별 학습준비물 신청위원이 구입 목록을 담당자에게 제출,

- 담당자는 작성된 구입 목록을 행정실에 제출,

- 행정실은 최소 가격으로 구입하고, 빠른 시간 안에 물품이 도달할 수 있도록 협조,

- 납품된 학습준비물은 학년별 검수위원이 검수하고 날인하여 담당자에게 전달,

- 담당자는 인수 받은 물품을 학부모 도우미와 함께 알뜰이방에 진열.

④ 학생의 알뜰이방 학습준비물 구입 및 대여 순서

- 학생은 미리 학습준비물 구입 및 대여 물품을 결정한다.

- 교실에 붙어 있는 대여 물품 및 구입품목의 품목별 가격을 확인한다.

- 통장의 잔액을 확인한다.

- 알뜰이방에서 학습준비물을 구입 및 대여한다.

- 대여한 물품은 사용 후 다음 사용 학반을 위하여 반납한다.

⑤ 선생님의 학습준비물 대여 순서

- 수업시간에 대여할 학습준비물을 확인한다.

- '대여 신청서'에 작성하여 '학습준비물' 담당 학생을 통하여
  대여한다.

- 사용이 끝난 학습준비물은 알뜰이방에 반납한다.

3) 실습실 운영

가) 목적

실습 위주의 교수 - 학습과정의 충실로 정상적인 교육 과정 운영
의 내실화를 기하고 노작과 실천적인 학습 경험을 통하여 사회 적
응 능력을 기르고, 실과 전반적인 과정을 경험함으로써 실생활에
적용할 수 있도록 한다.

나) 운영 방침

- 노작의 체험을 통하여 일의 가치를 인식하고 도구를 다루는 과
  정에서 성취의 기쁨과 보람을 느낄 수 있게 한다.

- 아이들에게 실과 관련 교육 과정 운영 시 실습을 통하여 흥미와
  관심을 높여 실생활에 적용이 가능하게 한다.

- 수업 시 위험이 따르는 실습을 할 때에는 안전에 만전을 기하도
  록 한다.

다) 운영 내용

- 지도 내용: 간단한 생활용품 만들기, 조리하기, 전기 기구 다루
  기, 목공구 다루기, 목제품 만들기 등.

라) 사용 시 유의점

- 실습실 사용 전 조리 기구 사용 등 안전 교육을 철저히 한다.

- 사용 후에는 정리 정돈을 깨끗이 하고, 기기를 파손하지 않도록

  한다.

- 화재나 고장 시 담당 교사에게 알려 필요한 조치를 취한다.

## 3. 사이버가정학습을 통한 U-러닝 학습전략

가. 사이버가정학습 운영의 궁극적 목적

초·중등교육에 U-러닝을 활용하려는 시도는 크게는 지식창출 시대를 배

경으로 한 평생학습체제 구축과 그를 통한 국가인적자원 개발이라는 맥

락에서 의미를 찾을 수 있으며 보다 좁게는 주어진 교육 과정에서 지향하

는 교육목적에 적합한 다양한 교수방법의 활용이라는 측면에서 이해될

수 있다.

초·중등교육에서 U-러닝을 활용하는 목적으로 사교육비 절감, 공교육 내

실화, 자기주도적 학습력 향상, 소외계층에 대한 교육 복지적 효과, 창의

적 인재 양성 등을 나열할 수 있지만, 현재 추진되고 있는 사이버가정학습

은 기본적으로 공교육 내실화에 기여하고자 함을 그 목적으로 한다고 할

수 있다.


나. 사이버가정학습 운영모델

1) 수준별 교실수업 지원형

수준별 교실수업을 지원하기 위한 모델로서 사이버가정학습을 통해서

심화·보충학습의 기회를 추가로 제공하기 위한 것이다. 학교 정규 수업 시간에 수준별 교육 과정 수업을 실시할 때 사이버가정학습을 교실수업과 연계하여 운영하는 방식이다.

2) 정규교과 운영 보완형

운영 목적상 학교에서 교육 과정에 따라 수업을 실시해야 하지만 교사의 부족, 학생 수 부족 등의 문제로 인하여 학교 교실수업을 실시하기 어려울 때 정규교과운영을 사이버가정학습으로 실시하기 위한 모델이다.

3) 학습자 개인학습 지원형

운영 목적상 교육 과정의 수업진도와 관계없이 학습자의 기초학력 향상을 지원하거나 학습자만의 특정 학습요구를 충족시키기 위해 사이버 학습을 운영하는 모델이다.

4) 사이버 학습 동아리형

학생의 필요 및 요구에 의해 생성될 수 있는 온라인 학습공동체를 지원하기 위한 목적으로 사이버가정학습을 운영하는 모델이다.

5) 학력평가형

학교 시험에 대비하여 문제풀이를 하거나, 자신의 학력을 측정하고자 하는 학생들의 요구를 충족시키기 위한 목적으로 사이버가정학습을 운영하는 모델이다.


다. 미래교육에 관한 국내 연구 분석

1) 유비쿼터스 컴퓨팅 환경에서의 교육의 미래 모습 연구

가) 유비쿼터스 교수·학습환경 및 활동

- 교실: 대형 전자칠판, 소형 전자북, 교육 과정의 녹음 및 저장, 무선을 통한 교재 및 정보 전달, 지능형 데이터베이스 및 학습 에이전트 소프트웨어 활용 등
- 과학실: 3D 디스플레이, 개방형 플랫홈을 가진 실험 디바이스, 과학기자재의 고성능 센서 및 태그 부착, 실험 방식을 실험대에 표시함
- 음악실: 지능화된 악기, 다양한 악기, 악보 및 학습 내용 기억, 소리의 미디어화를 통한 자유로운 창작 등
- 운동장: 운동량을 측정하는 운동셔츠, 운동화, 건강상태 체크 데이터베이스, 수준에 맞는 운동 지도, 지능형 공 등

나) 가정 및 지역사회

- 가정: 에이전트 학습도우미, 서비스 로봇, 대화형 가상 친구, 학업성취도의 피드백, 디지털 매직 미러 등
- 도서실: RFID 내장 도서, 디지털 서가, e-book, u-테이블, 3D 입체 영상 등
- 지역사회: 유무선 환경 구축으로 언제 어디서나 손쉽게 정보망에 접속, POI(전자지도 위에 지리정보와 함께 좌표 등으로 표시되는 주요 시설물, 역, 공항, 터미널, 호텔, 백화점 등을 표현하는 데이터) 정보와 결합 등


라. 교수·학습 방법의 변화

- 장소 및 특정기기 의존성의 완화: PC 중심의 학습에서 벗어난 전자북,

휴대폰 등 다양한 정보 매체를 통한 학습기회 제공

- Pull 방식에서의 Push형으로 전환 가능

- 다양한 미디어를 활용해 재미있는 교육 기능

- 맞춤형 교육의 일상화

- 교육 평가의 변화 - 상시평가 체제


마. U-러닝 표준화 로드맵 연구

사이버학습을 중심으로 하는 현재의 U-러닝이 모바일 러닝을 거쳐 이동성, 편재성, 접근성을 중심으로 하는 유비쿼터스 컴퓨팅의 발달 제시로 개인별 맞춤 학습, 감성 체험학습, 생활 속에서의 적시적 학습이 가능한 유비쿼터스 러닝으로 발전해 나갈 것이라고 예측된다.

# 국외연수 시 기념품은 'East Sea' 지도를[28]

북유럽 하면 일반인들에게도 그렇겠지만 교원들에게는 로망이다. 피오르드와 같은 절경뿐만 아니라 세계 최고를 자랑하는 복지국가인 노르웨이와 스웨덴의 교육시스템, 그리고 교육의 아이콘이라 할 수 있는 핀란드가 먼저 떠오르기 때문이다.

방문기관 관계자들에게 전해 줄 기념품을 준비하며, 포장지에 태극기와 경상남도교육청 로고를 새겼다. 선물을 포장하는 모습을 지켜보던 아들이 "아빠! 애국자 같으셔요."라고 말했다. 내가 대단한 애국자는 아니지만 대한민국 국민으로서 어쩌면 그분들에게는 우리 연수단의 행동과 말 하나로 대한민국에 대한 모든 것을 판단할지도 모른다는 생각이 들었기 때문이었다.

북유럽 3개국의 교육은 한마디로 학생의 개성과 적성을 살리는

---

28) 2013년 8월 경상남도교육청 스마트교육 국외체험 연수단으로 노르웨이, 스웨덴, 핀란드를 방문하고 국외출장시스템에 제출한 보고서의 개인 소감문을 옮겨 실음.

교육이었다. 넓은 땅덩어리에 비해 낮은 인구밀도에서 충분히 가능한 교육이다. 노르웨이에서는 오슬로 시청사 근처의 루셀로카 초등학교(Ruselokka skole)와 올레순에 위치한 볼스다렌 초등학교(Volsdalen skole)에 방문하였다. 체험 위주의 수업과 지역의 특성에 맞는 교육활동을 하고 있었다.

스웨덴에서는 나카시 교육부(Nacka Stadshus)와 호그사트라 초등학교(Hogsatra Skola)를 방문하였는데, 오늘날 스웨덴에서는 High goals, High standards, Welfare society, Equality caring for others, Equal oportunity 등 5가지를 고민하고 있었다. 어쩜 우리가 고민하는 것들과 방향이 대동소이함을 느꼈다.

핀란드에서는 끼르꼬야르벤 종합학교(Kirkkojarven Koulu)와 야르벤빠 고등학교(Jarvenpaan Lukio)를 방문하였다. 최신 시설이기도 하지만 건축물의 구조에서부터 창의성이 발현될 수밖에 없는 구조였다. 우리나라에서도 학교를 신축할 경우 설계도를 공모하면 어떨까 싶다.

8박 10일간의 북유럽 국외연수는 경남교육 정책을 개발하는 업무를 맡은 사람으로 많은 고민과 배움의 시간이었다. 하나하나 경남의 현실과 여건에 맞도록 정책으로 입안해 볼 계획이다.

3개국 방문기관(학교)에 걸려 있는 세계지도에는 하나같이 'Sea of Japan'이 새겨져 있었다. 향후 경남뿐만 아니라 우리나라 연수단에서 해외 연수 시에는 방문 기념품으로 'East Sea'로 표기된 세계지도를 선물해 주자고 주장하고 싶다.

교육기관 방문을 위해 이동하며 잠시 잠시 들러 문화유적지나 관광지에서 적잖은 외국인 중 한국인이 다수임을 보고 우리나라의 경제발전을 실감할 수 있었다. 그분들도 그렇지만 나 또한 대한민국 국민임이 자랑스럽게 느껴진 시간이다. 소중한 배움의 시간을 갖게 해 준 우리나라에 감사한 마음으로 2학기를 맞아야겠다.

# 특별연구교사 연구대회의
# 효율적 운영 방안[29]

## 1. 특별연구교사제의 정체성

### 가. 법률적 근거를 살펴보면

#### 1) 경상남도교육청 행정기구 설치 조례

제14조(직무) 연구정보원장은 다음 사항을 관장한다.

1. 교육 이론과 실제의 연구·조사·분석

2. 현장 교육 연구 활동 지원

3. 교육 자료 제작·보급

4. 정책연구·시범학교 운영 지원

5. 교육 정책 연구·개발〈신설 2015. 1. 29. 조3976〉

6. 주요교육 정책의 심사분석·평가〈신설 2015. 1. 29. 조3976〉

7. 교육정보화 교육 방법 개선 연구 및 지원〈개정 2015. 1. 29. 조3976〉

---

29) 경남교육연구정보원 주관 '2015. 특별연구교사 자율연수회'(2015.4.24. 경남교육종합복지관) 원고를 옮겨 실음.

8. 교수 학습지원센터 운영〈개정 2015. 1. 29. 조3976〉

9. 독서·논술교육 지원〈개정 2015. 1. 29. 조3976〉

10. 경남교육미디어센터 및 미디어 방송 운영〈개정 2015. 1. 29. 조3976〉

11. 연구 및 정보지원에 관한 특수분야 연수〈개정 2015. 1. 29. 조3976〉

12. 학교 평가〈개정 2015. 1. 29. 조3976〉

13. 정보시스템 물적기반 관리〈개정 2015. 1. 29. 조3976〉

14. 진로교육〈신설 2015. 1. 29. 조3976〉

15. 그 밖에 교육감이 필요하다고 인정하여 정하는 사항
   〈개정 2015. 1. 29. 조3976〉

## 2) 경상남도교육청 행정기구 설치 조례 시행 교육규칙

제7조(하부조직) ③ 교육연구부장은 다음 사항을 분장한다.
〈개정 2015. 2. 23. 교규760〉

1. 교육의 조사 연구 및 분석

2. 정책연구·시범학교 운영 지원〈개정 2015. 2. 23. 교규760〉

3. 교육 연구 활동 지원〈개정 2015. 2. 23. 교규760〉

4. 교수·학습용 자료개발·보급〈개정 2015. 2. 23. 교규760〉

5. 교육경남 발간·보급〈개정 2015. 2. 23. 교규760〉

6. 연구정보원 교육기획·조정에 관한 사항〈개정 2015. 2. 23. 교규760〉

7. 학교평가 총괄 기획, 운영(유치원평가 제외)〈개정 2015. 2. 23. 교규760〉

8. 연구대회(초등교사예능, 교육자료개발)운영〈개정 2015. 2. 23. 교규760〉

9. 중등인정도서 개발 및 심의〈신설 2015. 2. 23. 교규760〉

10. 교육박람회(행복학교박람회)운영〈신설 2015. 2. 23. 교규760〉

11. 교육특허에 관한 사항〈신설 2015. 2. 23. 교규760〉

12. 사이버꿈키움학교 운영〈신설 2015. 2. 23. 교규760〉

13. 그 밖에 교육 연구에 관한 사항〈개정 2015. 2. 23. 교규760〉

> ➡ 특별연구교사의 역할에 대해 경상남도교육청 행정기구 설치 조례 및 교육규칙에
> 명시된 '교육 이론과 실제의 연구·조사·분석'으로 명확한 규정 필요

나. 보고서를 살펴보면

2008. 경상남도 특별연구교사
**교육정책연구 논문집**

2012. 경상남도 특별연구교사
**교육정책 연구보고서**

다. 학습연구년제, 미래교육부, 경상남도의회, 교육부 감사 등

## 2. 연구 주제 선정

가. 연구 주제 선정의 적절성

- 국가나 도교육청 차원에서 고민할 정책 영역을 연구 주제로 선정하는
  사례가 있는데 연구자가 '교사'임을 감안하여 볼 때 이러한 주제의 경우
  연구의 실효성이 낮고, 현장에 일반화되기 어려움.

- 예를 들면, 몇 년 전 '도교육청 조직 진단 연구'와 같이 현장 교사로서 연
  구 진행이 불가능한 주제를 선정한 경우가 있었음.

> ➡ 연구자의 특성을 고려하여, '정책'에 대한 연구보다 교육 현장의 문제 해결을 위한
> 현장 연구 주제 중심으로 선정

나. 특별연구교사 전형 시기

- 전형을 2월에 함으로써 특별연구교사에 응모하는 교사들의 준비 시기
가 부족함.
- 대부분 새로운 정책에 대한 연구주제가 선정되어 자료 수집 시간 부족
및 해당 정책에 대한 이해도가 낮아 계획서의 수준이 낮을 가능성이
높음.

➡ 전형 시기 조정

다. 주제 선정 시 도교육청과 심도 있는 협의 미흡

- 도교육청과 협의 후 주제를 선정하는 단계를 거치고 있으나 현재는 의
사소통이 원활하지 못한 편.

➡ 도교육청과의 긴밀하고 심도 있는 논의를 위해 진행 과정의 개선 필요

라. 연구의 방향성이 2년간 유지되기 어려운 경우 발생

- 도교육청 현안문제 중 장학사가 제안한 문제를 주제로 선정하고 있으나
제안한 장학사의 인사 이동, 관련 정책 폐지 등의 경우 2년간의 연구는
방향성을 잃음.
- 인사 이동으로 인한 잦은 연구협력위원의 변동으로 실질적인 교육청과
연계된 연구 활동의 한계가 있음. 결과적으로 교사 간의 연구에 그쳐 연
구결과가 실질적 정책으로 채택될 확률이 더 낮아짐.

> ➡ 경남교육 중·장기 발전계획의 과제 중에서 주제를 발굴하여 정책의 발전과
> 체계적인 연구 수행을 도모
> ➡ 또는 벤치마킹이 필요한 타시도 교육청 정책 중 주제를 선정하여 우리 도교육청에
> 새롭게 변형·적용 유도
> ➡ 연구계획 수립 단계에서부터 결과 및 평가 단계까지 연속성 있는 연구조직이
> 구성될 필요가 있음

## 3. 특별연구교사 선정

가. 초·중등 교사를 혼합한 연구팀 조직

- 대부분의 연구과제에는 초·중등 교사를 팀으로 조직하여 함께 연구를
수행하도록 되어 있음.

- 초·중등 교사 간의 교류 및 이해 부족으로 연구에 어려움이 있음.

> ➡ 초·중등 주제를 분리하여 선발하며 이를 통해 긴밀한 조직 분위기 속에서 연구할
> 수 있도록 함
> ➡ 연구주제의 성격에 따라 초·중등을 분리하여 팀을 구성하거나, 초·중등 교사가
> 함께 연구해야 하는 경우에는 혼합해서 구성. 팀당 인원도 탄력성 있게.

나. 초·중·고 급별로 연구자 수의 인위적 배정

> ➡ 연구과제의 특성에 따라 유연하게 학교 급별 인원 조정

다. 계획서 심사 시 평정 척도의 정교함 결여

- 선발 과정에 있어서 서류 전형 20%, 계획서 80%의 비율로 구성한 것

은 적정하나, 계획서 심사에 있어서 평정 척도가 보다 세부적이지 못함. 이로 인해, 지원자의 연구 분야 전문성이 제대로 평정되지 못함.

➡ 저경력 등의 사유로 서류 전형의 점수는 낮아도 연구 의욕과 전문성이 있고, 역량 있는 교원이라면 선발될 수 있도록 계획서 심사 기준의 척도를 세부적으로 구성

## 4. 연구 과정

가. 연구의 실효성을 높이는 기간 설정

- 2년간 학기 중의 연구는 사실상 무리가 있고, 제대로 진행이 되지 않음.

➡ 방학 중 집중 연구가 될 수 있도록 하고, 이를 선발 과정에서 제시하며, 담당연구사 및 연구 협력위원(장학사 등)이 방학 동안 연구를 지원할 수 있도록 함.

나. 연구 내용의 질적 향상

- 정책 연구이기 때문에 반드시 정책 제안으로 이어져야 하는 무리수가 있음.
- 참신한 아이디어가 별로 없음.

➡ 억지의 정책 제안보다는 학교 현장 문제를 정확하게 분석할 수 있는 방향으로 유도
➡ 타 시도교육청의 좋은 주제를 발굴하여 우리교육청의 실정에 맞도록 재구성할 수 있도록 유도(예시- 부산교육청의 수업마일리지제)

다.  연구 협력위원의 지도 결과 반영 극대화

　　- 연구 협력위원과 연계하여 연구가 수행되지 않고, 형식적인 지도가 이루어지는 경우가 발생.

> ➡ 연구 협력위원의 역할 강화

라.  본청 정책기획담당과의 협조체제 구축의 필요

　　- 정책의 현장 적용 및 입안을 위해 정책개발담당과의 유기적인 협조체제를 강화시킬 필요가 있음.

> ➡ 도교육청 정책개발담당과의 정기적인 협의회 추진

## 5. 인센티브 부여

가.  2년간 연구자 전원 교육감상 수여로 인한 연구의식 부족

　　- 2년간 별도 역량 평가 없이 연구 실적을 획득하므로 연구자들은 안일하게 생각.

　　- 동기의식과 팀별 선의의 경쟁의식 결여로 수준 높은 연구 성과를 달성하지 못함.

　　- 연구대회관리에 관한 교육과학기술부 훈령에 "시·도 대회의 입상 작품 수는 최종 출품작품수의 100분의 40 이내가 되도록 한다."라고 규정함.

# 연구대회관리에 관한 훈령

[시행 2015.3.4] [교육부훈령 제132호, 2015.3.4, 타법개정]

## 제4장 연구대회 결과 처리

제11조(입상작품수 산정비율 및 입상등급비율)

① 시·도대회의 입상작품수는 최종 출품작품수의 100분의 40 이내가 되도록 한다.

② 전국대회 입상작품수는 전국대회 최종 출품작품수의 100분의 40이내가 되도록 한다. 다만, 예선으로 시·도대회를 거치지 않는 전국대회는 100분의 20 이내로 한다.

③ 연구대회의 입상작품의 등급은 1등급·2등급·3등급으로 하고, 각 등급별 입상작품의 수는 1: 2: 3의 비율로 한다.

④ 개최조직은 제1항 내지 제3항의 규정에 불구하고, 다음 각호의 1에 해당하는 경우에는 인정권자의 승인을 받아 입상비율을 조정할 수 있다.

  1. 연구대회의 난이도와 특수성

  2. 관련 분야의 육성

  3. 현장교육개선에 필요한 교육자료 개발

  4. 그 밖의 입상비율을 조정해야 할 필요성

---

➡ 입상 비율을 조정하여 연구 결과의 질적 수준을 제고함

➡ 1차 년도 발표 시 공정한 척도를 개발하여 심도 있는 평가로 6팀 중 연구성과가 미진한 팀은 2차 년도 연구 배제

➡ 팀별 및 팀 구성원 간의 성과 능력 반영과 적극적인 연구 활동 참여를 위해 연구실적 비율 변경

[예시]
- 6팀 중 상위 3팀은 기존대로 연구실적 인정
- 하위 3팀은 팀원 간의 기여도를 서로 평가 후 4등: 3명/5등: 2명/6등: 1명만 연구실적 인정

나. 연구활동비 지급

- 연간 연구자 1인당 100만 원씩 2년간 200만 원을 지급

- 4명 1팀일 경우 2년간 800만 원 지원되고 있음

➡ 개인연구비/팀 연구비 배분하여 지급
➡ 주로 협의회비와 인쇄, 출장비가 대부분이었는데 연구의 질적 향상을 위해
   세목에 따른 상한 하한 부여

## 6. 연구결과 활용 및 운영 평가

가. 연구 결과물의 활용도가 낮고, 일반화에 어려움이 있음

- 이론적 연구에 치우치거나 현장과 동떨어진 정책중심의 연구물은 현장
  의 수용성이 낮음.

- 연구의 결과로 '무엇'을 산출할 것인지에 대한 고민보다는 '왜' 연구하는
  지에 대해서만 초점을 두고 있음.

➡ 현장 적용 가능성, 교육적 시사성, 현장 수용성, 정책의 입안성 등을 고려하여,
   바라는 연구 결과물을 산출해낼 수 있는 주제를 선정

나. '무임승차' 하는 연구자 발생

- 개인연구에서 2006년부터 공동연구제도로 변경하여 운영 중이나 공
  동연구로 인한 책임감 부족.

- 2013년 15기부터 같은 팀 내에서는 연구자의 등급을 동일하게 부여하

면서 무임승차 가능성이 더욱 높아짐.

> ➡ 공동연구제의 장점을 극대화하는 방안을 강구할 필요가 있음
> ➡ 2년간 팀별 보고서를 통한 등급부여가 아닌 개별 보고서 발표, 제출을 통해 등급을
> 부여한다면 학교의 급에 맞는 현장자료 및 매뉴얼 확보가 용이해질 것임

다. 연구결과의 평가

- 연구등급 심사 시 심사위원이 연구 활동 내용, 주제, 특별연구교사 활동 이해 미비.

- 2년 차 연구 발표에서 작년과 별다른 연구의 진척이 없이 1년 차의 연구 (발표)내용을 우려먹기 식으로 마무리하는 경우가 있으나, 새로운 심사 위원은 전년도의 연구(발표)결과와 비교하지 않음.

> ➡ 관련 분야의 전문가를 심사위원으로 선정
> ➡ 1차 년도 연구발표 내용을 심사위원이 사전에 면밀히 파악하도록 하여 연구의
> 진전, 성장 정도를 평가할 수 있도록 함, 결과뿐만 아니라 과정도 평가

라. 일반화 자료집의 활용도 미비

- 연구결과 연구보고서가 배부되고 있으나(2014년 제15기 연구보고서 기준, 1012권) 활용도가 떨어짐.

- 또한 책자 형태는 예산상 보급량에 제약이 있고, 교원들에게 파급되기 어려우므로 PDF 등 다양한 보급 방안을 고려하여 결과를 공유하기 위 한 노력 필요.

> ➡ 현장 교원들의 관심사를 고려한 주제 선정으로 활용도 극대화
> ➡ 다양한 형태로 연구결과물 공유 노력 필요

마. 연구대회 운영에 대한 평가

- 연구자와 담당연구사가 모여서 2년간의 연구대회 운영한 후 메타 평가가 별도로 이루어지지 않고 있음.

- 자체 연수회 운영 시 건의 사항, 요구 사항 등을 논의하는 정도이며 형식적인 경우도 많음.

- 간단한 자기평가지와 동료평가지 1페이지를 제출하는 것으로 평가는 그침.

- 장기간에 걸쳐 많은 예산과 인센티브를 받고, 존폐의 기로에 놓여 있지만 참여자가 운영 전반을 평가하고 이를 환류하는 과정은 없음.

> ➡ 연구자(연구협력관 포함) 차원, 연구 과정 및 결과 차원, 연구비 집행, 운영 전반 등에 대한 평가가 어떠한 방식으로든 계획되고 수행되어, 결과가 환류될 수 있도록 함, 이는 초기 계획에 함께 수립되어야 함

## 7. 당부하고 싶은 말

가. 연구 수행 시 연구 윤리 지키기: 출처를 밝히지 않고, 연구물을 그대로 도용하는 경우가 가끔 있음.

나. 연구교사이므로 필요하다면 과학적인 연구방법(양적통계)을 적극 사용하

여 연구의 신뢰도, 타당도 등을 확보하면 좋겠음. (보고서를 보고 '연구'스럽지 않고, 더욱이 전혀 '특별'하지 않다고 하는 일부의 시선)

다. 틀에 박힌 보고서보다는 연구유형(조사, 실험, 문헌 등등)에 적합한 창의적인 보고서를 구안했으면 좋겠음. (일부이긴 하지만 이전 보고서들을 보고 그대로 따라 하는 사례)

라. 관련 없는 사진 또는 실적을 나열하여 내용만 많이 만드는 것, 무조건 긍정적으로 나오는 억지스러운 결과 유도를 지양하고, 연구 과정에서 실패한 것과 처치한 것들을 넣으면 현장에서 공감하기 좋고 자연스러울 것 같음.

# 행정업무 편의를 위한 보고자료 목록 제공

## 1. 현행 실태

가. 각종 공문의 보고 기일이 경과한 후 교육(지원)청에서 학교로 업무 메일 또는 전화로 독촉하는 사례가 많음.

나. 학교에서 공문 수신 시 메모해 두지 않아 보고기일을 잊어버리는 경우가 잦음.

## 2. 문제점

가. 학교 입장에서는 보고가 안 됐다고 교육(지원)청으로부터 전화나 메일을 받으면 기분이 나쁘게 됨.

나. 공문독촉으로 인하여 학교뿐만 아니라 교육(지원)청의 행정력 낭비 초래.

## 3. 개선방안

가. 업무관리시스템에 보고자료 목록을 제공함으로써 학교에서 공문 수신 시

메모를 해 두지 않아 보고기일을 잊어버리는 경우에도 수시로 확인이 가능하도록 함.

나. 업무관리시스템 초기화면에 "오늘의 보고자료" 메뉴를 신설하고 교육(지원)청 담당자가 '공문게시'를 지정하는 것처럼 보고(제출) 자료 목록을 게시하면 보고 '공문게시'가 보이는 것처럼 수신처를 지정된 기관에서 자동으로 보이도록 함.


## 4. 기대효과

가. 공문서 감축 및 교직원 업무경감.

나. 경남교육 역점과제인 교사 행정업무 획기적 감축 실현.

다. 교육(지원)청에서도 학교로 공문 제출을 독촉하는 전화나 업무 메일을 보내는 횟수를 줄여 주어 교육행정력 낭비를 예방함으로써 교육행정서비스 질 제고 기대.

# 장학사 성과상여금 지급 기준 개선

## 1. 현행 실태

가. 공무원 성과상여금 지급지침(안전행정부) 및 교육공무원 성과상여금 업무
    지침(교육부)에 의하면,

나. 교원의 경우 <교장, 과장급 장학관 및 교육연구관>, <교감, 무보직 장학관
    및 교육연구관>, <교사, 장학사, 교육연구사> 등으로 구분하여 성과상여
    금 지급의 등급을 결정하고 있음.

## 2. 문제점

가. 장학사(또는 교육연구사)를 교사와 같은 기준으로 성과상여금을 지급함으
    로써 교육전문직의 사기가 저하됨은 물론,

나. 심지어 교감에서 전직한 장학사의 경우에도 교사 수준으로 성과상여금을
    지급함으로써 형평성 위배.

다. 무보직 장학관 및 교육연구관 중 교장에서 전직한 경우에도 교감과 같은

성과상여금 지급하고 있어 교육전문직원의 사기를 심각하게 저하시킴.

## 3. 개선방안

가. 교육공무원승진규정 제9조 <별표1> '경력의 등급 및 종별'에 의하면 교장 경력과 장학관, 교육연구관을 상응직 가 등급으로 구분하고 있으며, 교감 경력과 장학사, 교육연구사 역시 상응직 경력으로 같은 가 등급으로 구분 한다.

나. 교육공무원 징계양정 등에 관한 규칙(교육부령 제61호, 2015.4.9.) 제4조에 의 하면, 교사의 경우에는 교육감 이상의 표창을 받은 공적이 있을 경우 감경 대상이 되고, 장학사(또는 교육연구사)의 경우 국무총리 이상의 표창을 받아 야 감경대상이 되도록 하는 등 일반적 인식과 각종 규정에서 교사보다 상 위 직급으로 인식함.

다. 위와 같은 사례에 비추어 장학사(또는 교육연구사)는 교감과 같은 등급으로 성과상여금을 지급하도록 기준의 상향 조정이 필요함.

라. 무보직 장학관 및 교육연구관 중 교장경력자는 교장과 같은 등급으로 성 과상여금을 지급하도록 기준의 상향 조정 필요.

## 4. 기대효과

- 장학사(또는 교육연구사)의 사기 앙양 및 자긍심 고취.